살아있는 특허
깨어있는 아이디어

머리말

우리는 발명의 시대에 살고 있다.

자원이 없는 우리나라에서는 기술만이 살길이다.

더욱이 우리 후대들에게 물려 줄 수 있는 미래기술 확보는 생존의 문제이며 기술을 변화시키는 미래 산업이다.

21세기의 화두는 단연 발명특허라고 해도 과언이 아니다. 원시시대 이후 인간 내면의 창출은 발명을 이끌어 왔다.

특히 1990년대 후반부터 시작된 디지털 혁명은 산업혁명 이후 최장 기간 동안 사회의 변화와 물물을 창출을 해 왔다.

급변하는 시대 상황에서 세계 각국은 보이지 않는 지적재산권 전쟁을 벌이고 있다.

세계 각국의 치열한 경쟁 속에서 온 국민이 누구나 아이디어 개발과 특허 갖기 운동으로 기술보국의 길을 찾아야 한다고 생각한다.

이 책은 '특허란 무엇인가? 발명은 어떻게 하는 것인가?'하는 생각을 국민 누구나 갖도록 한 책이다.

발명특허신문사 발행인 **경　림**

추천사

기업가는 특허와 아이디어가 주는 힘이 기업발전에 얼마나 큰 공헌을 하는지 잘 알고 있다.

국내 유일의 발명특허신문사에서 '살아있는 특허, 깨어있는 아이디어'를 발간하게 되었다는 소식에 반가움이 앞선다.

이 책은 기업인과 청소년이 평소 가볍게 스쳐갈 수 있는 아이디어도 소중한 재산이 될 수 있다는 생각의 틀을 마련해 줄 훌륭한 과학자 책이 될 것이다.

우리나라에서 1년 동안 수출하는 승용차 가격 총액과 할리우드 흥행영화 1편의 부가가치를 생각해 보면 아이디어(발명)와 특허가 갖는 중요성을 아무리 강조해도 지나치지 않다는 결론에 도달한다.

국내 유일의 발명특허신문사에서 본 책자를 발행한다는 것은 특허에 관심 있는 사람들에게 큰 도움이 되리라 생각하면서 기업체와 사원들의 아이디어 교육에 필요한 필독서로 추천하고자 한다.

(주) 넥스모 대표이사
동방라이텍(주) 감사 오경환

목 차

목 차

목 차

목 차

동양인은 불편을 참는 것을 미덕으로 여겼다. 서양인은 불편하면 편리하게 고칠 생각을 한다. 서양의 물질문명의 발전과 과학기술의 눈부신 진전의 원인은 이런 마음가짐에 있다.

"악이란 무지를 말한다." 〈소크라테스〉

아는 것은 안다.

모르는 것은 모른다.

모르면 겸허하게 묻는다.

이것이 향상하는 지름길이다.

묻는 것은 한 때의 수치.

안묻는 것은 일생의 수치.

창의력은 누구나 몸에 붙어있는 「유일한 재산」이며, 정지하고 있는 사태를 움직이게 할 수 있는 유일한 「만능의 동력」이다.

창조력은 심심한 일에 자극을 주고, 불가능이라고 생각한 사업을 가능하게 만들 수도 있다. 그것은 노젓는 배를 돛단배로 바꿀 수도 있다.

아이디어인 중에는 다달이 수십만 원의 고안료를 받아 행복하게 살고 있는가 하면, 고안에 실패하여 가난에 쪼들리고 있기도 하여, 천태만상이다. 그 까닭은 아이디어 성공의 규칙을 꼭 지켜온 사람은 성공하고, 선인들이 남긴 틀린 생각이나, 빠지기 쉬운 교훈을 모르거나 무시한 사람은 구차하게 되고 말았다.

잠든 재능을 두들겨 일으키는 것은 「자신뿐」이다.

교육은 적어도 2세대를 「내다보고」해야 한다.

콜라병은 애인치마에서 아이디어가 나왔다.

1923년 미국의 벽촌에 루드청년은 조그만 공장에서 유리병을 불고 있었다. 그러나 그저 유리불기만은 아니었다. 여러 가지 병의 모양을 만들어서는 부수고 또 만들어서는 부수고 있었다. 그 무렵,

"유리병이 젖었을 때 잘 미끌어져 떨어진다. 미끌어져 떨어지지 않는 병은 안될까?"

"병에 든 것이 많이 들어있는 것처럼 보이는 병은 어떤 모양이 좋을까? "

라는 2가지의 요구가 있었다. 그 때문에 그는 벌써 몇 가지 나 만들어선 부쉈다.

어느 날 그의 애인이 찾아왔다. 오늘의 그 애인의 모습은 여느 때보다 훨씬 예뻐보였다. 왜 그럴까? 하고 자세히 보니 그 무렵 유행하던 포플치마를 입었기 때문이었다. 이 치마는 무릎 있는 곳이 좁기 때문에 걷기 힘든 모습이나 엉덩이의 선이 아름답게 나타나기 때문에 여성들에게 대단히 환영을 받았었다.

루드청년 한참 동안 그 애인을 바라보았다. 곧 그 애인의 궁둥이 부분을 묘사했다. 그리고 치마모양을 어떻게 병에 재현시킬까 하고 연구하기 시작했다. 이렇게 하여 만들어진 병을 곧 특허출원했다. 이렇게 해두면 미국에서는 17년 간 독점되기 때문이다.

그는 이 병을 가지고 코카콜라사를 찾았다.

"사장님! 보십시오, 모양 좋고 잡기 좋아 미끌어지지 않는 병입니다. 채용해 주십시오."

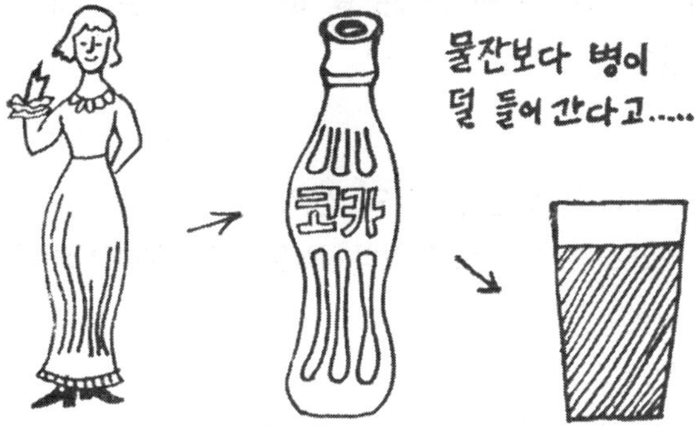

하고 말했으나 흥정은 깨지고 말았다. 그 다음 날 루드는 다시 물잔과 발명한 병을 들고 방문했다.

"사장님 이 병과 물잔 중 어느 쪽이 더 많이 들어 가겠습니까?"

"그야 물론 병이 많이 들어가겠지?"

루드는 말없이 병에 가득 채운 물을 물잔에 따루었다. 그러자 8부쯤에서 끝나는 것이 아닌가! 사장은 눈을 크게 떴다. 영업감각이 번개처럼 번득였다. 이리하여 초라한 청년의 아이디어에 고개숙였다. 즉석에서 계약이 성립되어 1크로스(144병)에 5센트였다. 의장의 권리가 내리자 일시불로 권리를 팔아달라고 했다. 대회사는 자사의 판매수량이 제3자에게 알려지면 영업상 불리함이 많다. 루드는 적어도 3백만~6백만달러는 받았으리라 한다. 이 유리공의 성공담은 전미국에 유명하게 되어 미국인은 코카콜라병을 손에 쥘 때마다,

"나도 한 번 발명해 보자."

는 야망에 가슴이 부풀었다고 한다.

에디슨이 전구 발명할 때 선을 무엇으로 할까?

유명한 실바나이트 금광의 무도사장은,

“나는 1온스의 금을 얻고자 4t의 광석을 빻고 체질하며 화학작용를 더하기도 한다.”

고 했다.

에디슨이 전구를 발명할 때,

“선을 무엇으로 할까? 백금이면 될까? 대중이 쓸 수 있게 값싸고 강한 섬유는 없을까?”

하고 실험에 착수했다.

그렇게 실험한 것이 금속의 선이 6천 가지, 동물의 털을 탄화시킨 것을 2천 가지, 식물의 섬유 2천 가지를 실험했다.

그래도 생각처럼 안됐다. 때마침 일본에서 수입하고 있던 부챗살이 되는 대나무를 보고 실험하여 비로소 뜻을 이루었다. 그러나 다시 조수를 일본에 보내서 일본산 대나무 350가지를 수집하여, 그 속에서 가장 좋은 것을 골랐다고 한다. 참으로 놀라운 탐구가였던 것이다.

에디슨과 쌍벽을 이루는 또 한 사람에 식물의 마술사라는 별명이 붙은 미국의 버어벵크가 있다. 식물의 품종개량으로 식물의 발명왕이라 불렸다. 그의 손이 닿는 곳마다 기적은 나타났다.

주먹만한 감자가 태어났다.

가시없는 선인장이 무럭무럭 자랐다.

씨없는 자두가 주렁주렁 열렸다.

"어째서 그렇게 놀라운 기적이 나타났을까?"

우선 큰 딸기를 알아보자.

그는 세계 각지로부터 종류가 다른 딸기 5천 가지를 모아서 재배했다. 그것을 하나하나 조사했으나 만족스러운 것이 없었다. 그러자 이번에는 다시 80만 5천 가지의 딸기를 재배하여 그것을 하나하나 교배했다. 그 속에서 단 하나 미국 종 산딸기와 러시아 종 딸기의 교배로 저 큰 딸기를 만들어 냈던 것이다.

그의 농장에는 30만 가지의 복숭아, 6만 가지의 감을 가득 심었다. 이렇게 많이 실험하면 그의 육감은 놀랍게 민감해지고 「조금만 변종」도 그의 눈은 놓치지 않았다.

이처럼 하나의 발명을 완성시키자면 「착상의 양」을 산처럼 쌓아올려야만 한다.

좋은 암시, 나쁜 암시, 큰 암시, 작은 암시를 깡그리 쌓아올려야만 한다.

양, 양, 양... 그 속에서만이 성공의 열매를 딸 수 있으며, 아무리 서투른 포수도 표적에 1만 번 쏘면 명수가 되기 마련이다.

강철왕 카네기는 젊었을 때 좋은 벗이 있어 성공했다.

"목숨을 바칠 심복이 없는 영웅은 사흘이 못간다." 는 말처럼 아무리 뛰어난 발명가도 사업화를 위해 대성하려면 자기 일처럼 아껴주는 「벗의 협조」가 따라야 한다.

강철왕 카네기는 젊었을 때, 피츠버그의 철공장의 한 사무원으로 값싼 월급장이에 지나지 않았다.

어느 해 상용으로 영국에 갔었다. 그 때 벗이,

"새로운 강철제조법의 실험을 보러 가자."

고 권하자 발명광인 그는 곧 견학하러 갔었다. 그 곳은 값비싼 강철을 보통의 철과 같은 값 정도로 만드는 실험을 하고 있었다.

가만히 바라보고 있던 카네기, 벗의 손을 잡고,

"대단히 좋은 것을 보여 주었다. 고마운 인사를 어떻게 해야 좋을지 모르겠다."

고 했다. 곧 카네기는 그 유명한 벳세마의 제강법을 보았던 것이다.

그는 귀국하자마자 벗들을 설득하여 돈을 모아 드디어 강철제조회사를 만들었다.

세계의 대부호 카네기는 이렇게 해서 탄생했고 아울러 벳세마 고등학교의 교과서에까지 실리는 불후의 명성을 남겼다. 결국 벳세마 있기에 카네기며 카네기 있기에 벳세마로 이 「두 사람의 단짝이 협력」했기에 둘 다 세계에 이름을 떨쳤다.

또 하나의 예로 뉴욕에 샤무엘이란 형사가 있었다. 연구하기를 즐

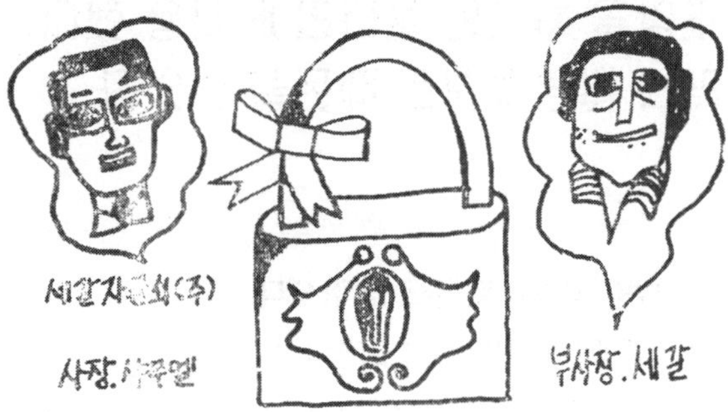

겼다. 직업 탓에 많은 도둑을 조사하는 동안에 자물쇠에 대한 전문적인 지식을 가지게 됐다.

샤무엘은 이것을 토대로 당시의 도둑이 못여는 자물쇠를 발명했다. 그러나 팔방으로 자본가를 찾아 사업화를 부탁했으나 뜻을 이루지 못했다. 그래서 큰 맘 먹고 부끄러움을 참고, 뉴욕의 번화가에 책상을 내어 놓고 투자가를 모집했다. 이 결심에 신이 도왔는지 그곳에 한 뚱뚱한 사람이 찾아왔다. 그의 이름은 세갈이었다. 그는 그의 자본을 중심으로 샤무엘의 발명을 사업화하였다.

오늘 날 세갈자물쇠 주식회사가 번영하고 있는데 그 사장에 샤무엘, 부사장에 세갈이 앉아있다. 이것은 발명가가 좋은 벗을 얻은 본보기의 하나며, 이처럼 구미에서는 「발명가와 경영자가, 서로 하나가 되어」 비교적 사업화가 성공하기 쉽다.

한국의 발명가도 하루속히 「고립에서 벗어나서」 좋은 협조자를 찾아내야 한다.

좋은 벗을 얻는 일은 발명을 살리는 비결이다.

철조망을 처음엔 울타리에 사용 했다.
그러나 발명특허로 떼돈을 벌었다.

「물품의 발명」의 하나로 「철조망」이 있다.

미국의 게름뱅이 양치기 소년 조셉이 발명했다. 조셉은 가끔 멍청하게 딴전을 피우다 보면 양들은 울타리를 타넘어 이웃의 콩밭을 망가뜨렸다.

조셉은 그때마다 주인에게 심한 꾸중을 들었다. 이런 일도 자꾸만 되풀이 할 수 없었다.

"어떻게 하면 못타넘게 할 수 있을까?"

하고 생각한 조셉은 어느 날 가만히 살피니 양들이 뛰어넘는 곳은 가시 돋친 장미넝쿨의 울타리가 아니라, 철사만 둘러친 울타리 쪽이었다. 양들의 습성을 알아낸 그는 대장간을 하고 있는 아버지를 찾아갔다.

"아버지 양들이 못타넘게 철사울타리를 장미가시처럼 철사에 가시를 붙여 양이 못타넘게 했으면 좋겠어요."

이 말에 재미있다고 생각한 아버지는 다음 날 곧 목장에 나갔다. 조셉 부자는 철사 군데군데에 가시철사 가닥을 섞어 넣어가면서 새끼처럼 꼬아 울타리에 둘렀다. 효과 100% 다시는 한 마리의 양도 타넘지 않았다. '됐다!' 생각한 그는 도서관으로 달려가 특허여부를 조사했다. 그러나 이 아이디어를 앞지르는 사람이 없었다. 곧 특허출원하여 친구들과 손잡아 사업화에 힘썼다. 이리하여 「가시 돋친 두 가닥의 철

사」로 된 철조망은 15년 간 독점 보호받는 국제특허까지 받았다.

철조망은 처음엔 울타리에 사용되어 도둑막이에 큰 도움을 주었다. 때마침 제1차 세계대전이 터지자, 세계 국의 육군이 다투어 군용으로 사용하게 되어 폭발적인 발전을 하였다. 우리나라도 백m 만드는데 1원의 특허사용료를 지불했었다.

조셉 부자는 15년 동안에 받은 권리금은 미국에서도 이름난 계리사 11명이 1년 걸려도 재산을 다 계산하지 못했다고 한다.

"철사를 꼬아가며 그 사이에 드문드문 짧은 철사를 끼운다."

는 간단한 생각이 이렇게 많은 돈을 벌게 했다.

「게름뱅이라는 결점」이 있어도, 「궁리한다는 장점」만 있으면 그것은 결점을 보충하고도 남음이 있다.

이처럼 지금까지 아무도 미처 생각하지 못했던 것을 처음으로 만들어 내는 것을 특허의 권리로 보호받을 수 있다.

발명이나 아이디어는 발명한 사람만의 「이익」을 줄뿐만 아니라 널리 일반에게 커다란 「편리」를 가져다주는 것이기도 하다.

발명은 변화를 주면 아이디어가 나온다.

목재의 절반 값밖에 안되면서 아름답고 튼튼한 대용목재 시멘트 문틀 제조법이, 오승렬, 노병근, 최종화, 도금동 씨 등 4명의 공동 연구로 발명되었다.

이것은 특수수지 이탈제를 틀속에 바르고, 적당한 진동을 주면서 철근콘크리트를 다져넣은 다음 굳히면 되는 간단한 공정을 거쳐서 만든다. 이렇게 만들어진 제품은 마치 갈고 다듬은 대리석처럼 반들반들하면서 윤기있는 인조 철근 콘크리트 대리석 문틀이 된다.

오씨조가 이 문틀에 관심을 가지게 된 것은, 평소에 우리나라가 목재의 84%를 수입에 의존하는 어려운 형편을 다소나마 해결해 보겠다는 큰 뜻에서 시작되었으며, 본격적인 연구에 착수한 것은 3년 간의 피나는 연구 끝에 이룬 것이다.

값은 가로 1.2m, 세로 1.8m, 크기의 문틀일 경우 알루미늄이 6,600원, 목재는 3,600원인데 비해 겨우 1,960원에 거뜬히 생산하고 있다.

요즘 농촌에서는 수로를 시멘트로 만드는 것이 유행되고 있으나 시골에서는 조그만 실개천이 많다. 그 개울 양쪽의 흙을 보호하는데 말뚝을 박아 그것에 얇은 콘크리트 판을 붙이고 있었다.

이때 ㉯처럼 말뚝을 꽤 깊이 땅속에 박아도 지면이 흙뿐이기 때문에 흔들리는 결점이 있었다.

여기에 ㉮와 같은 모습의 콘크리트 제품을 만들어 2m마다 개울 가운데에 배치해 놓고, 그 양쪽에 ㉯, ㉰의 곳에 콘크리트의 판과 판을

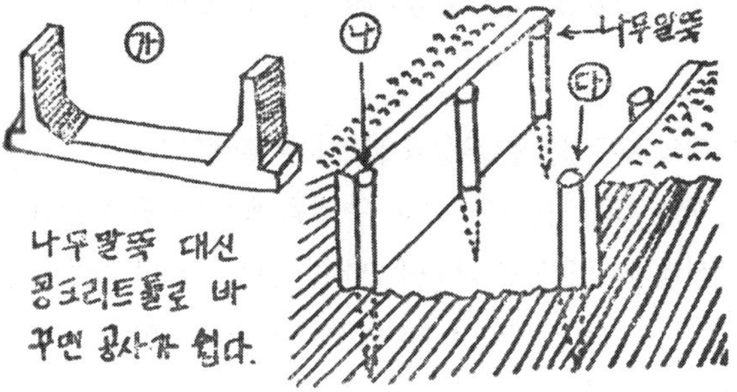

붙이면 아주 간단하고 튼튼한 보조물이 된다.

이것은 뛰어난 고안으로 실용신안과 수십 종의 의장까지 출원되어 있다.

지금은 이미 P사의 사장이 된 M씨,

"그동안 수년에 약 16억쯤 팔았습니다. 그러나 사업은 권리가 내린 지금부터라고 생각합니다. 또 콘크리트 방면에는 아직도 특허에 대해서 눈뜨지 못하고 있기 때문에, 지금부터 많은 아이디어가 솟아나리라고 믿습니다."

라고 힘주어 말한다.

발명은 지금까지의 것에 「변화」를 주면 된다.

예를 들면,

"모습을 바꾸면 어떨까?"

"제조과정을 바꾸면 어떨까?"

"색을 바꾸면, 소리를 바꾸면 어떨까?"

이와 같이 가지가지의 곳에 「바꾸어보는 습관」을 붙여야 한다.

돈버는 길로 한우물을 깊게 파라.

"돈벌이의 지름길은 한 우물을 깊게 파는 일이다."

라고 한다. 다방, 음식점, 회사, 은행 등에서 성냥을 받는다. 그 대부분은 점명, 사명만으로 아무런 변화가 없다. 그러나 이런 성냥에도 생각하기에 따라서는 대단한 수입이 된다는 이야기 한 토막.

결국 「성냥의 조그만 발명」인데, 성냥이라면 필수품으로 누구나 손에 가지는 것인 만큼 조그만 연구로 가게의 선전도 되고, 상품, 회사의 인상을 심어 주기도 한다. 거기에 눈을 떠서 성냥이지만 「변형성냥」만으로 해마다 무려 1천만 원을 올리는 사람이 있다. 그 사람은 동경의 한 빌딩의 수위로 있는 봉급장이 S씨이다.

자신은 '취미 도락입니다.'라고 간단히 말하나 천만에 지금은 「성냥박사」의 별명이 붙어 있다.

어려서부터 그리기, 만들기가 좋아서 이런 대회에서는 언제나 상을 탔으며, 연구하고 만들기가 즐거웠다. 중학시절엔 어떤 상품의 특허를 받기도 했다. 이렇게 무엇을 「생각하고 만드는 습관」이 운동선수의 일정한 연습처럼 계속됐다. 이런 까닭에 완구의 기업시대도, 자신의 아이디어를 살려서 상품을 만들거나, 수출도 손댔으나 불행히 도산, 무일푼의 신세가 되고 말았다. 그러나 이 취미 도락이 마음에 큰 기둥이 되어 비관대신에 항상,

"조금만 더 참기로 하자. 곧 때가 올테니!"

하고 밝은 마음의 나날이었다고 한다.

성냥박사의 제 1호는 동경올림픽의 해에 시작하여, 가끔 신문의 한

귀퉁이에,

"올림픽경기로 선전용 성냥의 평판이 높다."

는 것을 안 S씨 그 정보를 암시로, 우선 음식점 관계의 성냥을 이리저리 생각해 갔다. 작은 아파트에서 생각한 성냥의 제 1호는 맥주병을 본딴 성냥이었다. 운이 맞아 그 해에 어느 맥주회사가 신제품을 내게 되자 이것을 선전용으로 채용해 주었다. 무일푼에서 일변하여 광명을 되찾은 S씨 그 뒤로 성냥에 주목하여 각양각색의 「변형성냥」을 고안했다. 성냥이라면 보통 「장방형」의 것과 은행에서 보는 「삼각형」의 것 두 종류뿐인데, S씨가 고안한 것은 성냥만 무려 50종류가 넘는다.

그 속에는 간막이식 성냥, 구두주걱달린 성냥 등 여러 가지로 바로 「성냥박사」로 불릴만 하다. 그러나 이 창의연구의 나날은 좋고 즐거운 반면에, 성냥박사답게 그만한 노력이 뒤따른다. 근무처의 주 사흘의 근무 외에 정보수집차, 신문을 오려내고, 백화점을 돌아다니고, 독서 등으로 보내고 있다.

창조의 밑거름은 관심이다.

「호기심」이란 '새로운 것 처음 보는 것에 대하여 알아보려는 정신적인 마음의 움직임'이라고 한다. 일본에 처음으로 철포가 소개된 것은 1543년이다. 그 다음 해에 이것을 본따서 국산 총을 만드는데 성공했고, 13년 후에는 일본 전역에 총이 80여만 자루가 있었고, 2만 자루는 외국에 수출까지 했다. 우리나라에서도 외국의 총을 본 것은 꽤 오래 된다. 그러나 철포의 국산화는 20년이 지나도 이루어지지 않았다. 이것만 보더라도 우리나라보다 일본이 「근대화에 앞장설 수 있는 한 요인」이 된 것을 알 수 있다. 일본은 그만큼 잔재주에 능하고, 원숭이처럼 모방하는 솜씨가 비상하여, 그 왕성한 「호기심」과 「모방력」은 동양 3국에서 가장 뒤떨어졌던 일본을 오늘날과 같은 경제대국으로 만든 원동력이 됐던 것이다. 굳이 미국의 리스만교수의 말을 빌리지 않더라도 세계의 민족 중 일본만큼 호기심이 강한 사람들은 없으며, 또 그것은 경조부박과 상통하는 말이기도 하지만 창조활동에 있어서 호기심만큼 중요한 것도 없다는 사실을 잊어서는 안된다.

현재의 유럽인은 분명히 호기심에서 일본에게 뒤진다. 그러나 그들은 일찍이 왕성한 호기심으로 「대항해시대」를 이루지 않았던가! 17세기 말엽부터 18세기 초에 이르러 이태리인도 불란서인도 독일인도 여행열에 들떠서 유럽은 물론 아시아, 아프리카의 여행에 나섰다. 그리하여 「여행기」와 「여행안내서」가 많이 출판되고, 그것이 또 자극이 되어 「지적으로 고정된 세계에서, 움직이고 흐르는 세계」에로 사람들이 생각을 바꿨다. 무엇이나 신기한 것이면 좋다고 생각하게 되었고

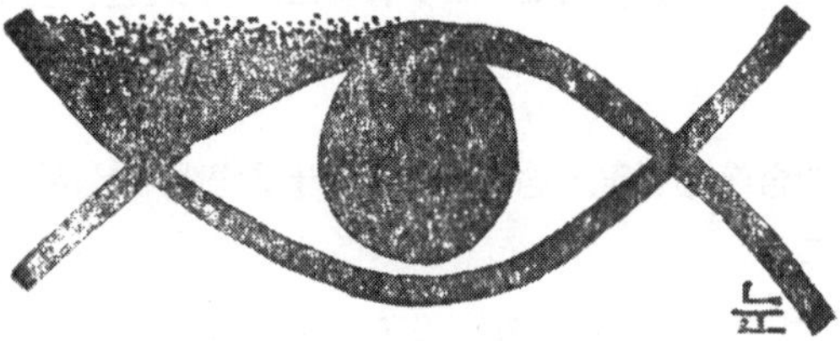

심지어 친구들까지도 의복의 유행처럼 헌 것은 버리고, 새것이라면 어지럽도록 받아들였던 것이다.

일찍이 근대 초엽에 유럽에서 터진 호기심이 근대화가 높은 수준에 이른 현재, 시들었다고 한다면, 그것보다 훨씬 뒤늦게 근대화하기 시작한 일본에서 결국 영국의 3배의 빠르기로 공업화하고, 영국이상으로 공업화한 현재까지도 그대로 당초의 왕성한 호기심이 시들지 않고 있는 것이다.

어리석은 사람은 상대방이 마음에 안들거나 밉거나하면 상대방의 장점마저 헐뜯는다. 그러나 현명한 사람은 상대방이 밉더라도 장점만은 인정하고 본받는다. 「남의 장점을 본받아 내것으로 삼는 사람」은 「남보다 앞서는 뛰어난 사람」이다. 우리는 일본인의 호기심만은 본받아야 하지 않을까!

에디슨은 평생 1919 가지의 특허를 얻었다.

'에디슨처럼 인간생활을 송두리째 바꿔놓을 만큼 향상시킨 인물은 없을 것이다.

전등, 전화, 전신, 축음기, 영화, 타자기 등 모두 그가 발명했다.

우리들의 생활이 이렇게 편리하게 된 것은 에디슨같은 발명가들의 덕택이다.

에디슨은 평생에 1919가지의 특허를 얻었다. 그 가장 처음 것은 1868년 「투표 기록기」로부터 시작됐다. 전신기사로 있던 시절에 그는 국회의 투표가 시간을 허비하는 것에 마음이 걸렸다. 그래서 능률을 올리는 기계를 만들고 싶었다. 이것을 깨끗하게 완성시켜 특허까지 내어 국회에 팔러가서 뜻밖의 경험을 했다. 국회의원들은 그 편리함에는 놀랐으나 위원장의 반대로 채용되지 않았다.

"이 기계를 쓰면 소수당의 단 하나의 무기인 투표연장의 길이 막힘으로 다수당의 횡포를 도와주게 된다."

는 것이 그 이유였다.

이 실패에 넌더리가 난 그는 「발명에 대한 하나의 교훈」을 얻은 셈이다.

"이제부터는 널리 세상이 「필요」로 하거나 「유용」하다고 인정되는 발명에만 「시간과 노력」을 쓰자."

고 이것이 그 뒤에 그가 「대성한 비결」이라 한다.

그 화려한 발명의 성과는 투표기록기의 실패한지 3년만인 1871년에 발명한 레밍턴식 타자기로 속기가 되고 능률이 오르는 실용품인

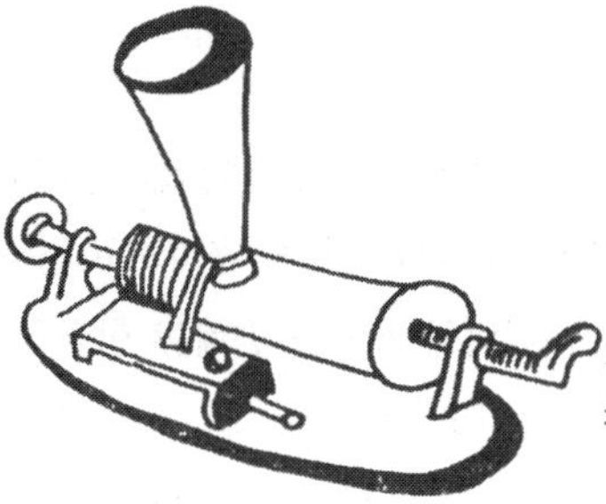

에디슨의 최초의 축음기 (1877)

점에서 그의 「실용의 교훈」을 이룬 것이다.

1876년에는 전화의 특허를 냈다. 그러나 예고뿐이어서 두 달 후에 모형을 완성한 벨이 전화의 발명가로 인정됐다. 그것에 송화장치를 완성해 실용할 수 있게 개량한 것은 에디슨이었다.

1877년의 어느 날 아침 뉴욕의 과학잡지사 편집장 앞에 종이 보따리를 든 에디슨이 나타났다.

"그게 뭔가?"

"괜찮으니 여길 돌려 보게나!"

편집장이 조심스레 돌리려니까 속에서,

"안녕하십니까? 축음기를 어떻게 보십니까?"

하는 사람소리가 나지 않는가? 새파랗게 질린 편집장은 조심조심 보따리를 풀었다. 축음기의 소문은 삽시간에 각 신문사에 퍼지고 기자와 호기심에 찬 시민들이 모여들었다. 너무나 밀려들어 마루가 꺼질까봐 전람설명회를 중지하고 말았다. 이것은 에디슨이 가장 사랑한 발명품인 축음기의 이야기다.

한국의 두뇌 발명으로 세계를 정복하다.

1971년 스위스에서 열린 국제특허협회 주체 세계특허품 박람회에서 세계 각국에서 모인 5백여점의 출품을 물리치고 당당히 최고상인 금상을 차지하여 아이디어로 세계를 정복한 한국의 황 규봉씨가 있다. 황씨는 최근 한국인으로는 처음 발명으로 세계에 국위를 떨친 인물로서 성냥·라이터 없이 담뱃불을 붙일 수 있는 「자동점화담배」다.

한국이 만국공업소유권협정에 민간인으로 다른 나라와 계약할 수 없어서 일부 한국과 협정한 외의 많은 나라와 계약을 맺을 수 없기 때문에 이 협정에 가입한 일본의 가네꼬회사와 계약을 맺고 25억원의 특허료를 받게 되었고, 가네꼬회사 이름을 빌어 전 세계 63개국과 따로따로 계약할 경우 약 1조 3천 5백억원(27억 달러)의 특허료를 받을 수 있게 된다. 이 돈은 경부고속도로 30개의 값이며, 오나시스의 유산 6억 달러의 4배가 넘는 엄청난 돈이다. 정부는 제3회 상공인의 날에 특허수출에 공이 많은 황씨에게 발명인으로는 처음으로 석탑 산업훈장을 수여했다.

그러면 자동점화담배란 어떤 것일까? 그것은 마치 콜룸부스의 달걀같은 것으로 알고 나면 별것 아닌 것처럼 생각하기 쉬운 것이다. 그러나 여기서 잊어서는 안될 것은 발견, 발명은 「결과보다 과정」에 더 큰 뜻이 있다는 사실을 알아야 한다. 20년이란 고투끝에 태어난 이 담배는, 담배끝에 성냥에 해당하는 발화 물질인 가락지 모양의 착화편을 달고, 담배갑의 한 부분 또는 글씨에 점화역할을

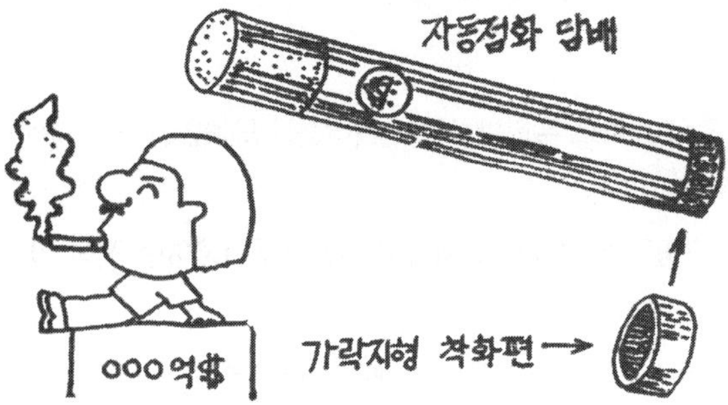

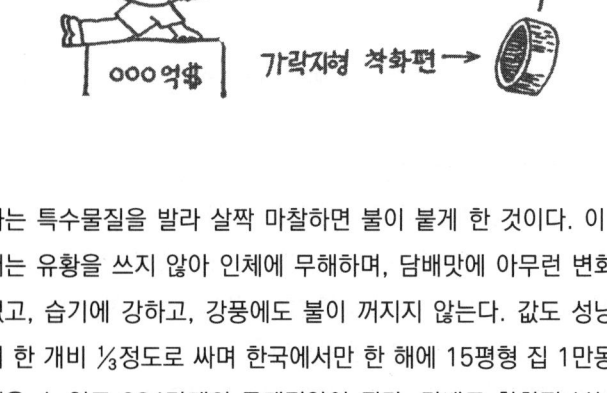

하는 특수물질을 발라 살짝 마찰하면 불이 붙게 한 것이다. 이 담배는 유황을 쓰지 않아 인체에 무해하며, 담배맛에 아무런 변화가 없고, 습기에 강하고, 강풍에도 불이 꺼지지 않는다. 값도 성냥개비 한 개비 ⅓정도로 싸며 한국에서만 한 해에 15평형 집 1만동을 지을 수 있고 334만재의 목재절약이 된다. 담배도 착화편 부분의 4mm만큼 절약되어 기업에 득이되며, 애연가의 주머니에 성냥·라이터간수의 불편도 덜게 되었고, 버리는 성냥개비가 없어 거리미화에도 도움을 주며 라이터용 휘발유절약은 자원위기에 허덕이는 인류에게 커다란 보탬을 주게 되었다.

아이디어로 성공해라.

외국의 소설가로 우리나라에서 서머셋트·모옴만큼 많이 읽힌 소설가도 드물것이다.

그의 작품이 우리나라에 처음 소개된 것은 60여년 전의 일이지만 계속해서 단행본으로 인기서적을 유지해 왔다.

그가 아직 무명시대에 자기의 책이 생각처럼 잘 팔리지 않았다. 그래서,

"어떻게 잘 팔릴 수는 없을까?"

하고 다음과 같은 구혼광고를 신문에 실었다.

"본인은 운동과 음악을 사랑하고 교양있는 낭만스러운 성질의 젊은 백만장자로 모든 점이 서머셋트·모옴의 최근의 소설의 여주인공 그대로의 젊고 아름다운 소녀와의 혼인을 바람."

이 기발한 아이디어는 대성공했다. 광고를 읽은 여성은 물론 남자들까지 다투어 그의 소설에 흥미를 갖게 되고 그 때문에 그의 책은 날개돋힌 듯 팔리기 시작했고 그 뒤 줄곧 인기서적이 됐다.

독일의 국민차 폭스바겐은, 「튼튼해서 장수한다」는 것으로 전형적인 승용차로 알려져 있다.

처음에 그 장점을 집중적으로 내세워,

"폭스바겐은 절대로 고장이 없습니다."

라는 설명광고를 자주 냈으나 별로 효과가 없었다. 그래서 이모저모로 연구한 결과 기발한 광고문을 생각해냈다. 다음은 그 광고문이다.

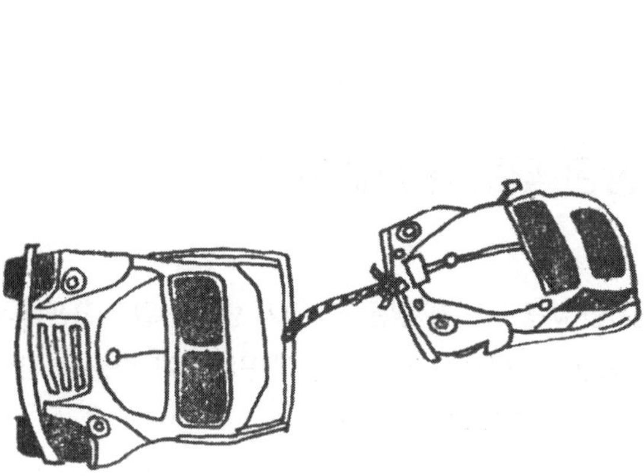

“고장으로 수리차에 끌려가는 폭스바겐을 본 분에게, 는 상금을 드리겠습니다.”

라는 역수광고를 쳐서 대성공했다. 혹시 당신이 이 이상의 광고문을 생각했다면 그 아이디어는 비싼 값으로 환영을 받을 것이다.

광고는 돈만 걸기만하면 효과가 나는 것은 아니다. 조그만 아이디어도 큰 효과를 거둘 수 있다.

TV에서 방송의 최후의 10초를 사서,

“지금부터 침묵의 시간을 보내드리겠습니다.”라는 돈도 안드는 간단한 광고로 독일의 내쇼날은행은 대성공을 거두었다.

조그만 머리의 지혜 짜내기에 따라서는 일생동안에는 엄청난 차이가 생긴다.

세상은 바야흐로 두뇌가 지배하는 시대가 왔다.

돈은 쓰면 없어지지만 머리는 쓸수록 좋아진다. 건전하게 쓴다면 쓰면 쓸수록 콸콸 솟아나는 샘물처럼 무한의 슬기와 아이디어를 낳게 하는 무한의 보고인 것이다.

세상은 두뇌가 지배한다.

등산가인 M군 어느 해 깊은 산속에서 방향을 잃고 고생한데서 궁리하여 등산과 여행의 필수품인 물통의 꼭지에 지남침을 붙이는 고안을 했다. 상품화되자 대유행이 됐다.

산에 홀린 그는 금광은 못 찾았지만 물통의 꼭지위에서 보물을 발견한 것이다.

전표를 한 장 한 장 잘라서 전하고 있었다.

“어떻게 편하게 할 수 없을까?”

하고 생각해서 재봉침으로 한 줄의 구멍을 내기로 했다. 이 실용신안은 그 뒤 전표만이 아니라. 우표, 영수증, 복사지 따위의 모든 곳에 사용되어 현대인에게 말할 수 없는 편리를 주고 있다.

가령 이 실용신안이 국제특허를 얻었더라면 놀랄만큼 많은 외화를 벌어들였을텐데 아까운 노릇이다.

미국에서 롤러스케이트를 처음 고안한 사람은 백만 달러의 특허료를 받았다.

쇠못이 못마땅해서 나무못을 만든 사람은 한해에 50만 달러의 특허료를 받았다.

구두끈매기가 귀찮아서 지퍼를 고안해낸 게름뱅이 사나이가 실용신안으로 해서 그 권리금을 60만 달러에 팔았다.

부지런한 구둣방 주인이 구두창에 박는 징을 고안제조해서 연간 백만 달러의 순이익을 올렸다.

캐나다의 양말골이의 실용신안은 겨우 5만 달러에 팔렸다. 이것을

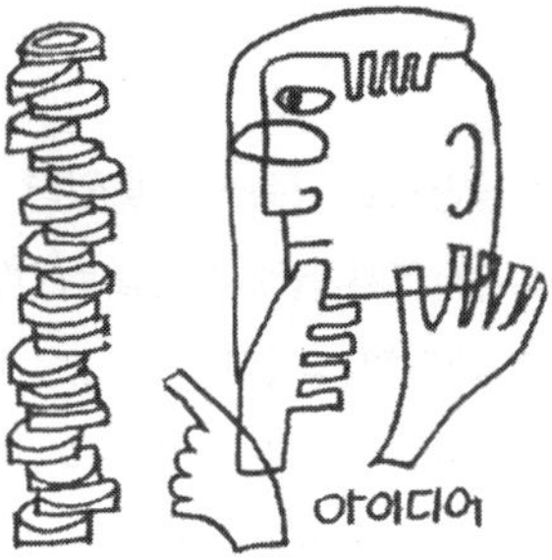

산 기업은 막대한 돈을 벌었다고 한다.

설탕 봉지에 바늘구멍 하나 뚫어 백만 달러를 벌었다.

새생각은 숨넘어가려는 기업의 「소생제」이며, 맨손 알몸뚱이에서 입신출세의 「여의봉」이며, 백만장자가 되는 「지름길」이다.

돈을 벌겠다고 몸을 써서 덤빈다면 아무리 튼튼한 몸이라도 한계가 있지만, 머리를 써서 아이디어로 나아간다면 무한으로 갈 수 있다.

머리는 쓰면 쓸수록 좋아지는 것이며, 훈련하기에 따라 자꾸만 좋아지는 것이다. 훈련의 한 방법으로 대화를 함이 좋다. 당신은 백권의 책을 1시간에 못읽는다. 그러나 백권의 책을 읽은 사람과 1시간만 대화하면 그의 지식을 흡수할 수 있다. 타인은 당신에게 대해 지식의 정리서랍이다. 상대는 사람만이 아니라, 서적 잡지, 관청의 통계 등 모두가 남의 지식, 시간, 노력을 빌림이 된다.

발명특허는 소중한 자산이다.

옛날에는 거의가 수공업으로 상품을 만들었다. 옷감만 하더라도 할머니나 어머니가 찰각거리면서 집에서 베틀로 짰었다.

옷 한 벌 만드는데도 대단히 수공이 들었다.

만들기가 힘들고 생산량도 적었기 때문에 발이나 손이 중요했다.

상인이나 직공은 학문은 필요없다. 또 군인은 글자는 성명만 적을 수 있으면 되었고 두뇌는 완전히 무시됐다.

그러나 기계생산이 되니까 손은 쓸데가 없어졌다. 최초의 10년~15년이란 오랫동안을 솜씨를 익혀야 했었는데 기계가 발달함에 따라 숙련공은 필요 없고 더욱이 발과 손이 쓸모가 없어졌다.

그 대신 우수한 제품을 만드는 머리가 쓰인다.

대량생산된 제품을 팔아재칠 「지혜」가 있어야 한다. 또는 판매경쟁에 이겨나갈 책략의 지혜가 요구된다. 이것이 아이디어를 소중히 여기게 된 까닭이다.

그러나 때는 바야흐로 원자력, 자동화, 전자두뇌 시대로 바뀌었다.

원자력이 되면 굉장한 동력을 낸다.

자동화가 되자 기계가 무엇이나 해치운다. 미국 포드회사의 디트로이트공장에서 자동화를 채용했더니 2천 명분의 작업을 단 20명의 노동자로 거뜬히 해치울 수 있었다. 이 결과로 다시 대규모의 판매전 광고전이 벌어지게 되는데 판매 광고의 마지막 목적은 고객의 구미에 맞추는 인들로,

"어떻게 하면 광고(판매)효과를 올릴까?"

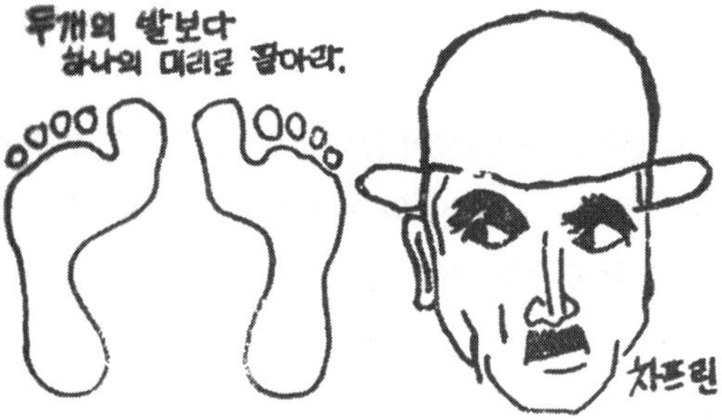

하고 생각하는 아이디어 경쟁이 맹렬히 벌어지고 있다.

자동화의 특징은 지금까지 인간만이 했던 복잡한 판단까지 기계화하는데 있다. 또 전자두뇌는 인간이 할 수 없는 복잡한 계산까지 바르고, 빠르게 해치운다. 기계가 진출해서 인간의 손발의 작업뿐 아니라, 인간의 특징이라고 생각했던 판단하는 기능까지 대신하게 됐다. 그렇다면 인간에게 남겨진 기계적이 아닌 것은 무엇일까? 이것은 새생각이다. 새생각의 창조밖에는 없는 것이다.

현대처럼 기술발달로 기계가 놀라운 진보를 이룬 시대에 새생각이 소중히 여겨지는 것은 이 같은 역사적, 경제적 배경에 있다고 생각한다.

외무판매 하나만 보드라도 덮어놓고 부지런히 뛰기만 한다고 되는 것이 아니라, 머리를 잘 써야만 팔 수 있는 시대가 되고 있는 것이다.

시간을 낭비하고 있는가?

미국의 페이카노인은 64세에 실직을 했다. 그 나이에 어떤 일거리를 찾을 수는 없었다. 호주머니에 백달러의 현금, 천막 한 개, 야영도구 몇 점이 총재산이었다. 이런 처지의 노인이 도시에서 160리나 떨어진 산속에서 6년 동안에 모두 36가지의 일을 하여, 수입을 올렸다. 몇 가지의 예로 산에서 처음 발견한 것은 외지에서 오는 많은 여행자들이 산길을 드라이브하기를 두려워하는 일이 있다. 산길의 드라이브에 익숙해 있는 그는 여행자에게 드라이브를 시켜주어 아름다운 경치를 즐기게 하여 1시간에 1달러의 싼 삯을 받았다. 이 새생각에서 또 새생각이 떠 올랐다. 낚시나 사냥꾼의 길 안내를 해 주고 한 달에 50달러의 수입을 올렸다.

또 산에 사는 사람들은 조그만 채소밭까지 만들지 않아서 그가 가꾼 채소등은 잘 팔렸다.

또 산에 들어앉은 첫 겨울에 집 부근의 소나무로 시골풍의 가구를 만들었다. 이것을 여행자가 보고 진기하게 여겨 사겠다고 했다. 그래서 또 하나 가구를 만들어 팔아 겨울의 이 수입으로 한 해를 넉넉히 살 수 있게 되었다.

그밖에도 다른 수입의 수단이 많았다.

산에 흔한 풀과 나무로 감기약을 만들어 사람들에게 나누어 주었다.

또 담배를 싫어하는 약이 나오는 풀을 발견했더니 여러 곳에서 주문이 쏟아졌다.

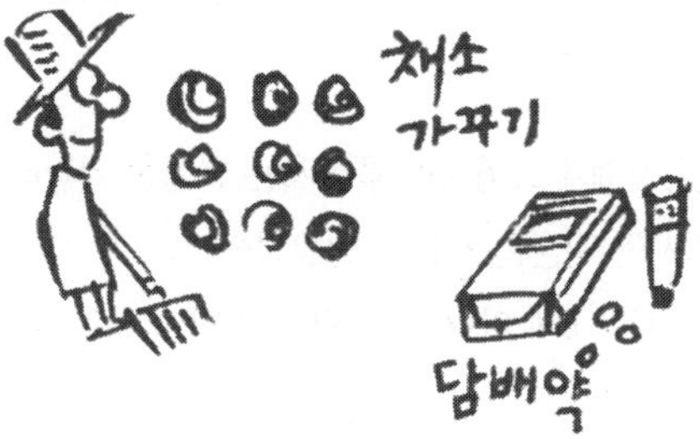

그 밖에 사냥철에는 그가 안내한 손님이 잡은 짐승의 가죽을 양도받아 세공해서 박제를 만들었다. 다시 가까운 읍의 신문의 통신원을 맡아서 한 주일에 2달러의 사례금을 받았다.

새생각만 활용한다면 어디에 있거나 항상 수입을 얻는 길은 열려 있다는 것을 몸으로 실증한 셈이다.

페이카의 이야기는 흥미 있는 뒷이야기가 있다. 그는 산에서 내려와서 얼마동안 여기저기 옮겨살다가 마지막에 고향인 콜로라도주에 정착했다.

이미 70도 반을 넘긴 노인이 된 페이카로서는 은퇴하는 몸이 되어 유유자적한 생활을 즐겨도 좋을 테지만 그가 가지고 있는 아이디어는 결코 그것을 허락하지 않았다.

은퇴하기엔 너무나 많은 재미있는 일들이 쌓여 있었기 때문이다. 만년에는 수채화 그리기에 취미를 붙여 처음에 그린 것은 35센트로 팔기 시작해서 지금은 한 장에 3달러나 받고 있다.

새로운 아이디어 창출은 기업의 빛이 된다.

구직희망자에게 고용하는 쪽에서는 확실한 일자리가 없을 때는,

"미안하지만 지금은 사람이 필요없습니다."

라는 편지를 내게 마련이다. 당신이 만일 이런 처지에 놓였다면 고용주가 잘못 생각하고 있다고 생각해 볼만하다.

창의성있는 사람에게는 얼마든지 새 일자리를 만들어 낼 수 있는 것이다.

K소년 내직(아르바이트)을 하려고 조그만 도시에 있는 세 곳의 약방을 찾아 가서,

"어떤 일이라도 좋으니 써 주십시오."

하며 부탁했다. 그러나 전연 일거리가 없다는 핑계로 보기 좋게 거절당했다. 그러나 일주일쯤 지나서 한 약방에서는 D소년을 고용해야만 했다.

약방 주인의 말에 따르면,

"K소년이 찾아왔을 때는 일거리가 있으리라고는 생각하지 않았다. 그런데 D소년이 아이디어를 하나 가지고 왔거던, 자전기로 약배달을 하기로 했지, 이 도시에서는 처음있는 일이어서 꼭 잘 되리라 믿었던 거야! "

K소년도 자전거는 가지고 있었지만 D소년은 K소년이 못가진 아이디어를 더 가졌기 때문에 일터를 구했던 것이다.

오랫동안 펜실베니아의 대 신문에서 체육부장으로 활약한 존은 최초의 일자리를 아이디어로 찾아냈다. 어릴 때부터 신문기자가 소원이

었던 죤은 그가 살고 있던 도시에 있었던 단 하나의 신문사가 한마디로 그의 취직 희망을 거절하고 말았다. 그러나 그는 실망하지 않고,

"이 신문의 고칠 점은 없을까?"

하고 열심히 연구했다. 그러자 이 신문에 체육난이 빠졌고 농촌소식이 빈약함을 발견했다. 일주일 뒤에 죤은 두 가지의 새생각과 이를 뒷받침할 몇 개의 기사 원고를 가지고 신문사에 나왔다. 마침 이 주일은 체육행사로 붐볐다. 고교의 야구시합이 두 번, 편자던지기 대회 경마 등이 열렸다. 이런 경기의 상황을 적은 기사를 체육난의 양식으로 편집장에게 제출했다. 아울러 가까운 지방의 농민에게 들은 여러 가지 이야기를 묶어서 농촌소식난 견본도 만들어 함께 곁들였다. 편집장은 이 두 가지 새생각에 홀딱 반해서 즉석에서 죤을 채용했다. 이렇게 하여 소년시절의 꿈은 성취되었고 끊임없는 아이디어를 발굴하여 보잘 것 없었던 한 지방지를 대신문으로 키웠던 것이다.

감자껍데기 벗기기를 황금으로 바꾸었다.

미국의 서부 아이다호주에 감자재배로 시작하여 일대 농업복합기업을 쌓아올린 감자왕에 심푸롯트가 있다. 그는 학교가 싫어서 14살에 학교를 떠나서 감자고르는 일을 했다. 15살에 아버지로부터 4에이커의 감자밭을 빌려 저축했던 돈으로 돼지를 사고 스스로 사업을 시작했다. 그 무렵에 아이다호평원을 야생마가 달리고 있었는데 그것을 이용할 것을 생각했다. 결국 말고기와 감자껍데기에 조금만 밀가루를 섞으면 기막힌 돼지사료가 된다는 것이다. 그는 돼지를 5백마리나 불려서 양돈장을 7500달러에 팔아서 이번에는 감자 재배를 확장했다. 그러자 지금까지 감자 고르기를 손으로는 미쳐 못대서 친구와 반반씩 출자로 254달러짜리 전동분류기를 사 들였다. 그리고 이 기계의 완전가동을 위해 이웃 농가의 감자 분류까지 맡았다. 물론 수수료를 받았다. 그때 많은 감자껍데기가 버려지는 것이 아깝게 생각되어 이것을 소의 사료로 할 것을 연구했다. 보리와 화학물질을 섞어서 사료가 되자 록키산맥 일대에 목우를 했다. 6천 파운드의 소를 넉 달 동안에 천 파운드 이상으로 살찌워 팔았는데 4500마리로 시작한 것이 지금은 9만 마리로 불어났다.

1940년에는 1년에 1만 화차의 감자를 출하하고 양파 재배와 건조양파의 생산까지 손을 댔다.

이듬해 봄 워싱톤의 육군보급대가 그의 건조양파공장에 눈을 돌려 건조감자의 생산에 대해 알고자 물어왔다.

심푸롯트는 그 엄청난 수요를 대려고 밤낮을 가리지 않고 궁리했다.

첫째 문제는 「껍데기 벗기기」였다. 그는 모든 가능성을 탐구한 결과 획기적인 방법을 알아냈다. 고열의 물탄 잿물에 담가서 껍데기를 부드럽게 했다가 고압의 열풍을 불어재치면서 천천히 회전하는 솔로 마찰한다. 이렇게 하면 손쉽게 벗길 수 있다. 그는 1941년부터 3년에 걸쳐 해마다 3300만 파운드의 건조감자를 군대에 납품했다. 이것은 전미군 소비량의 3분의 1를 차지했다.

40년대 초에는 냉동 감자튀김에 눈을 돌려서 3년만에 냉동 튀김감자의 기업에 성공했다.

현재 미국 가정에서는 감자를 사다가 씻고 껍데기를 벗기고 데쳐서 튀기는 번거로움을 덜었다. 가게에서 냉동감자를 사다가 오픈을 넣고 15분쯤 데우면 따끈따끈한 감자튀김이 된다. 미국 가정의 대부분의 감자튀김은 심푸롯트가 공급하고 있다.

사업 성공은 발명으로 성공한다.

지렛트에게 배울 것은 안전면도를 발명한 것 이상으로 그의 사업화를 위해 자금을 모은 솜씨에 있다. 그는 그의 발명을 세상에 내기 위해 10만 달러의 회사를 세우기로 했다.

그래서 벗과 가까운 사람 또는 욕심이 많아 보이는 사람을 골라 투자할 것을 권했다. 욕심이 많은 사람을 고른 까닭은 욕심많은 사람은 욕심으로 낚으면 돈을 낸다는 사실을 그는 잘 알고 있었기 때문이다. 그러나 안전면도기의 안자도 모르는 이 발명에 투자하는 사람은 없었다. 그러자,

"이 면도기가 되면 반드시 굉장하게 팔릴 것이 틀림없다. 그렇게 되면 지금 액면 10달러의 주를 사두면 이것이 몇 백 달러까지 뛰어 오를 것이 틀림없다. 그 10달러 액면의 주를 2달러로 깎을 테니 꼭 사 달라, 이 때를 놓치지 말라."

고 하면서 욕심 많은 사람들을 설득하여 자금을 모집했던 것이다. 그는 이 전법으로 5만 달러를 모아 기술자를 고용하여 드디어 성공에 이끌었다.

작아도 세계 제일을 노린 만년필점의 점원 파카는 그 무렵 막대기형이었던 만년필을 당시의 유행이었던 「유선형」으로 바꾸어 의장에 출원하여 그것이 맞아들어 성공의 기틀을 쌓았다.

그렇다고 새삼스럽게 지나간 유선형을 모방한다고 돈벌이의 발명이 되는 것은 아니다.

파카에게 배울 것은 그는 학력이 없는데다 시골에서 친구들은 자꾸

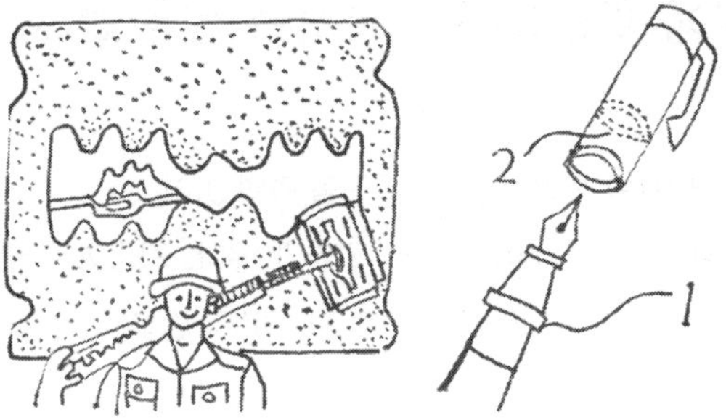

만 출세를 하는데 열등감에 빠져 자기를 잃어버릴 뻔 했을 때, 자기의 일속에서 이런 아이디어를 이끌어내어 정신적인 독립을 하였다는 사실이다.

사람은 누구나 열등감을 가지기 쉽다.

어떤 영웅도 어딘가에 열등감을 가지고 있다. 그러나 그 열등감을 무엇으로 보충하는가? 그 보충하기에 따라 그 사람의 가치를 정하게 된다.

"나의 일은 만년필의 축 만들기다. 그러니까 나는 미국 제일의 축 만들기가 되겠다."

는 목표로 보충한 것이다.

이 마음씨가 유선형의 만년필로 나타나고, 다음에는 나사식 뚜껑을 밀기식 뚜껑으로 바꾸어 대성공하여 만년필왕이 되는 터전을 다졌던 것이다. 현대의 발명가는 「나선식 뚜껑」을 「밀기식 뚜껑」으로 하는 방식이 아니라, 자기가 지금 하고 있는 생업과 관계있는 직업에서 한국 제일의 사람이 되겠다는 마음가짐이 필요하다.

파랑새는 집안에서 찾아야 한다.

가정용 파마(세트) 특허로 성공했다.

미국에 40세인 하리스는 미용품점을 경영했다.

“나는 발명이 하나 맞으면 대실업가가 된다. 지금까지 많은 연구를 했으나 다만 적중하지 않았을 뿐이다. 이제 슬슬 맞아 들 때가 오리라. ”

라고 믿으며 전문인 화장품의 연구를 쌓고 있었다. 어느 날 여느 때처럼 화장품을 챙겨서 가까운 미용원에 갔다. 마침 그 곳에는 십 수인의 젊은 부인이 나란히 파마를 하고 있었다. 그런데 머리에는 커다란 통같은 것을 쓰고, 몇 가닥의 전선을 천장에 붙잡아 맨 것처럼 한 머리가죽이 데일 정도로 전열을 받아, 얼굴을 찌푸리고 있는 모습은 그리 칭찬할 것이 못된다. 그 위에 「오랜 시간과 비싼 요금」을 빼앗긴다. 아무리 아름다워지겠다고 바라는 부인들도 여기에는 참기 어려움이 있을 것이 틀림없다고 믿었다.

그 때 문득 떠오른 생각이,

“이 파마가 자택에서 할 수 있는 한 벌(세트)로 만들면 반드시 성공할 것이다.”

라는 것이었다. 그는 기뻐 뛰며 돌아오자마자 곧 연구에 착수했다.

“발명은 좋은 제재를 찾으면 반은 성공했다.”

라는 말처럼, 그는 서적과 남의 지혜를 빌려서 우선 웨브액을 고안, 다시 중화액을 만들어 권모기와 고무띠 등을 단시일에 연구 완성했다. 그리고 그것을 양홍색과 흰무늬의 의장인 상자에 넣어 팔았다. 하리스는 자기 발명에 대해 만만한 자신을 가지고 두 곳의

도시에 시험판매 했다. 과연 예상대로 부인들은 이 편리한 한 벌을 사려고 밀려들었다. 첫 해에 80만 달러, 이듬해에 4백만 달러, 1946년 말에는 토니의 소매점은 전미국에 퍼졌다. 그는 선전에도 머리를 써서 아름다운 쌍둥이를 찾아 한 쪽은 토니의 파마를 제손으로 하게 하고, 한 쪽은 미용원에서 돈과 시간이 드는 파마를 시켜 어느 쪽이 토니의 파마인가 맞추게 했다. 이 선전방법은 훌륭하여 백만 명의 부인이 앞을 다투어 토니를 샀다. 그는 다시 6조의 쌍둥이를 모아 1조는 영국, 1조는 불란서에처럼 비행기로 세계에 보냈다. 이에 미국의 미용원들은 고객을 왼통 빼앗기자 백만 달러의 자금을 모아 악선전을 했다. 그러나 좋은 발명은 어떤 방법으로도 막을 수 없다. 불과 4년 만에 놀라운 발전을 본 지렛트회사는 토니를 2천만 달러로 샀다. 그러나 역시 하리스는 그대로 그 회사의 중진으로 일하고 있다.

발명은 남다른 연구 착상이 필요하다.

"세상에는 성공하길 바라면서도 조금도 성공하지 못한 사람으로 가득하다. 마치 선로가 없는 급행열차같은 것이다. 선로만 깐다면 고속으로 달릴텐데, …. 어디 한 번 선로를 깔아 줄까!"

생각하고 1960년에 미국의 마이야는 32세 때에「성공을 파는 회사(SMI)」를 세웠다.

이 SMI프로그램이란「자기관리를 위한 총합방법」이란 교본과「제1부, 목표달성을 위한 행동관리」란 테이프와 교본「제2부, 목적달성을 위한 기술개발」이란 테이프, 그것에 매일 행동을 점검하기 위한「포켓트카드 홀다」의 한 벌로 되어 10만원이다. 교본과 테이프, 결국「눈과 귀」의 양쪽을 쓰는 것이 마이야의 아이디어인 것이다. 이것을 날마다 30분 반복하는 동안에 성공하는 자기개발의 의욕이 이글이글 타 오른다는 것이다.

심리학자인 제임스가 말하는「누구나 그가 쓰고 있는 것보다 훨씬 많은 힘을 가지고 있다」는 전제에서 모든 인간을「하려는 마음」을 일으켜 주려는 것이 목표이다. 교본을 쓸 때는 SMI의 상담원이 일일이 면접한다. 대 전제로 우선 인생의 최종 목적을 세운다.「무엇이 되고 싶은가?」가 분명하지 않으면 좀처럼 성공을 바랄 수 없기 때문이다. 다음에 그것에 따라 가까운 목표의 순서 그 목표는 대인관계, 지성, 정신, 체력, 가정, 경제의 6부문으로 자세히 나눠 있고 구체적이다. 가령 경제부문에「집 장만」이라면, 간잡이는 물론 장막의 색까지 정하고 만다. 다시 낱낱의 목표에 장애 여부를 상담

원과 함께 점검한다. 이것으로 인생의 대 목표에 따른 모든 생활의 청사진이 세워진다.

날마다 듣는 테이프는 청사진대로의 생활을 「해서 안되는 것은 없다. 한다. 한다.」고 자기에게 자기가 격려하도록 한다. 소위 심리학의 연구 성과를 교묘하게 적용했다. 반복하여 듣고 있는 동안에 「자기암시」에 걸린다는 원리다. 이 프로그램 제작은 전미 각계의 권위자가 거들고 있다. 능력개발로 유명한 나폴레온·힐, 의사소통 분야의 권위 오스본, 외판 40년의 경험자 마라드·베네트같은 쟁쟁한 인사들이다.

지금은 다만 돈벌이뿐만 아니라 '인생에 있어서 어떻게 성공하는가?' '어떻게 하면 행복해지는가?' 등의 문제까지 사용 목적이 넓어지고 있는 단계라고 한다. SMI프로그램은 현재 미국을 포함한 30여 국에서 팔리고 사용회사는 약 5만, 개인은 50만 명이나 사용 중이라 한다.

우리 삶의 미래정보는 무엇인가.

IRM은 아이디어나 정보를 전세계로부터 모아 일본 국내기업에 팔고, 거꾸로 일본의 기업 산업정보를 세계에 파는 「정보를 파는」일본 회사다.

미국은 50년 전부터 각기업의 카다록을 파는 대표적인 회사에 I사가 있고, 그 자회사에 일본 V사가 설립됐고, 영업 방법은 이렇다. 미국과 유럽의 기업이 부품과 신제품을 발표하면, 이것을 마이크로 필름에 담아 일본에 보낸다. 이것을 희망하는 기업에 장기임대한다. 일본 V사의 경우 약 32만 점의 신제품 정보가 담긴 필름을 1년간 230만 엔에 빌려준다. 일본에서만 기계기업을 중심으로 약 백개사가 이것을 받고 있다. 이에 질세라 일본에도 곧 정보판매의 IRM사가 생겼다.

구미의 산업실정과 장래의 방향을 알고자 일본도 업계, 기업마다 구미에 시찰단을 보내나 반드시 기대한 만큼의 정보를 얻는다고 할 수 없다. 그렇다면 더욱, 항상 정보를 공급하는 회사가 있어도 장사로서 성립될 것이라 생각한 것이 계기였다. '산업의 미래정보는 무엇인가?' '기업은 무엇을 바라고 있는가?'를 판단 수집하는 힘이 없으면 아이디어를 파는 정보판매는 성립되지 않는다. 거래기업이 조사의뢰하기 전에 자료를 갖추고 새 기술과 산업에 대한 확고한 예견을 가지고 그에 따라 거래처를 개척해야 한다. 또 「반 발앞」을 내다볼 줄 알아야 한다. 한 예로 구미 전문점 백화점 등의 점포의 구조, 진열, 기획 등의 사진을 찍어, 일본 내의 점포나 백화점에 판다. 정

보수집은 구미에 계약사진사를 두고, 일류점포의 점두나 내부를 원색 촬영하여 항공우송시킨다. 세계 주요도시의 일류사진사와 계약만 하는 것으로 언제나 이들 도시로부터 원색 사진이 보내진다. 편집은 일본에서 한다. 20~30장을 한 조로 하여 일본의 상점에 보낼 뿐이다. 그 값은 한 달에 약 5천 엔이다. 정기적 제공과 특별 취재도 한다. 가령 파리의 디올상점의 점두사진이 필요할 경우 20장 전후를 3~5만 엔 받는다. 특히 최근에는 상품의장의 주문이 많다고 한다. 각 기업은 해외의 잡지 등을 모아 의장에 참고삼았으나 시간적으로 매우 뒤져서 이런 정보제공에 의뢰하게 됐다. 또 이미 해양개발정보는 미래산업의 중심이 되는 것으로, 석유자원의 개발, 해저목장의 인공양식, 해수의 담수화, 조력발전, 해저의 미생물 항생물질의 신발견 등의 정보까지 모아 체계화하여 해양을 개발하려는 기업에 제공하고 있다.

경제발전은 특허 기술이다.

현대를 「불안의 시대」라고 한다.

"자기가 자기에게 자신(自信)을 못가진다."

는 말처럼 현대는 개인이나 기업이나 모두 불안 속에서 살고 있다.

경제가 발달하고 기술혁신이 되면서 사회구조가 자꾸만 복잡해지고 한 사람의 인간의 두뇌에는 들어갈 수 없을 만큼 알아야 할 것이 많아졌다.

박봉을 받더라도 짜고 짜면 자기 일에 관해 한 달에 한 권의 전문지나 한 권의 참고서를 살 수 있다. 그러기에 앞을 내다보는 사람은 자기의 앞날에 닥쳐올 불안의 시대를 연구하고 그것에 어떻게 적응할까를 공부하고 있다. 이렇게 하여 불안의 시대를 알았다면 이미 그 불안은 해결한 것이나 다름없고, 앞날에 자신도 가질 수 있다.

아무리 궁색해도 마음먹기에 따라서는 닥쳐올 정보산업사회에 이겨낼 수 있을 것이다. 이와는 반대로 현상에 만족하고 말거나, 별로 밝지도 않은 앞날의 불안을 체념하여 적은 용돈이나마 더욱 잘 마시는 일에 그 날, 그 날을 보내는 사람은, 정보혁명이 미치는 변동에 휘말려서 언제까지나 사회의 밑바닥에서 신음해야한다.

또 한편 많은 사람들 속에는 정보변혁이 가져오는 불안을 조금도 생각하지 않고 있다. 아니 차라리 생각하기조차 싫어한다. 비록 조그만 용돈이지만 담배를 피우고, 커피 때로는 양주를, 그리고 읽는다면 스포츠 신문 뿐! 그러니까 이런 사람은 체육계의 정보는 잘 알고 있다. 모 야구선수의 연봉은 얼마며, 다시 2년 지나면 어디에 옮겨질 것

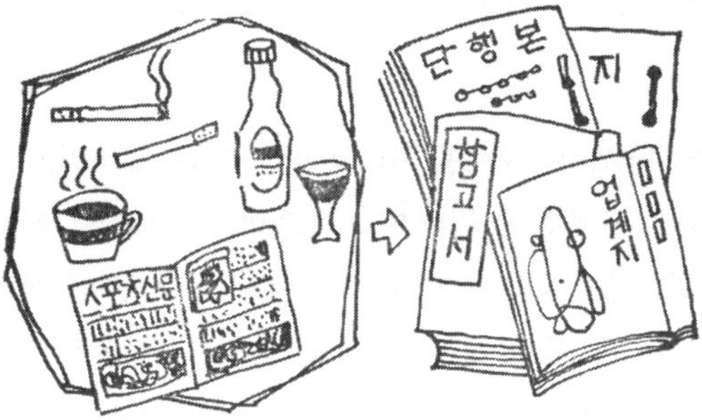

인가는 참 잘 알고 있다. 그러나 이런 정보는 그 사람에게 있어서 무슨 도움을 주겠는가? 좌담할 때 가끔 그런 정보를 전해서 야구광이라는 말이나 들을 정도에 지나지 않는다.

이왕 정보통이 되려면 자기에게 도움이 되는 방면의 정보를 손에 넣어야 하지 않겠는가? 그렇다면 체육계의 정보에 정통하는 것보다 업계지나 참고서를 사서 「나와 직장에 도움이 되는 정보」를 가지고 있어야 할 것이다.

스포츠지에 1,000원이나 1,500원을 던지기보다 전문지나 업계지나 참고서에 돌리는 편이 훨씬 득이 될 것이다.

결국 조그만 용돈일지라도 쓰기에 따라서는, 또 그것이 1,000원이나 1,500원의 조그만 돈일지라도 쌓이고 모인다면 자기의 장래를 좌우하는 커다란 밑천이 된다는 것을 평소에 깊이 다져둘 일이다.

세계적인 나비학자 석주명 선생

인류가 지금까지의 괴로운 사냥과 채집의 생활에서 일변하여, 쌀밥을 먹고자 일 년에 한 번 씨를 뿌리고 한 번 수확하여 한 해를 살게 된 것은, 산업혁명 이상의 큰 사건이며 이것은 팔, 구천 년 전의 신석기시대의 일이다. 그리고 이것은 사냥과 채집보다 작은 면적에서 대단히 많은 수확을 올린 생산을 높이는 현실과, 앞을 내다보는 행동이 함께 들어있다.

이 땅에 정착하자 마을이 생기고, 도시와 나라를 발달시켜 여가를 낳고, 이 여가로 토기를 만들어 석기시대를 벗어났다. 이 '근본이 되는 원인은 무엇인가?'의 물음에 「농업」이라는 답이라면 사물을 생각하는 방법으로는 낙제다. 그렇다면 '왜'냐고 캐고 든다면 해답의 하나는,

"같은 것을 모은다."

는 형식이 된다. 벼와 수박, 옥수수를 함께 섞어 심은 것이 아니다. 벼는 벼대로 모아서 재배했다. 거기서 생산 공정이 분명해지고, 생산관리가 쉬워졌다는 형식이 생겼다.

그리고 이 '같은 것을 모은다'는 재배 방식은 그 후 현대까지 끊임없이 계속되고 있다.

채소나 벼, 밀은 재배법이 다르나 그 다른 재배법을 하나의 재배라고 하는 형식에 넣어 이해하는 소위 「틀」을 가지고 있었던 것이다.

그 뒤에 이 '같은 것을 모은다'는 생각과 '인공으로 재배 사육한다'는 생각은 누에를 치거나 양치기나 양계가 되고, 짚, 솜, 깃을 모아서

이불을 만드는 쪽으로 발전했다.

현대에는 목소리가 좋은 사람을 모아 합창단을 만들고, 체조로 단체경기를 하고, 서적으로 전집과 특집호를 내고, 기업이 모여 자동차 전시회를 열고, 그림과 글씨를 즐기는 서화전을 열고, 바둑의 애호가인 위기회까지 응용 발전되어 왔다.

이 원리를 수집한 예를 들어 보면, 나비 연구에 일생을 바쳤던 세계적인 나비학자 석 주명선생은, 「조선산 접류의 연구」에 7과 8종 167416마리에 관한 형태와 생활 분포등 상세한 자료를 묶은 것은 너무나 유명하다.

또 신문수집에 일생을 바친 오한근 씨는, 일간지, 주간지 등 구한말에서 현재에 이르기까지, 530여 종이나 되며, 이 중에 301종이 창간호며, 독립신문, 대한매일신보, 황성신문 등 우리나라 신문의 효시였던 귀중지까지 모두 수집했다. 그의 수집벽은 광적 이라기보다는 하나의 수도와 같았다.

하나를 붙들고 늘어져라

"나는 이런 편리한 연필깎이를 만들었다. 실용신안에 출원해서 권리를 팔고 싶다."

는 사람이 가끔 있다. 어느 것이나 대체로 편리한 특징을 가지고 있다. 그러나,

'고장나기 쉽다.' '값이 비싸다.' '위험하다.' 따위의 결점이 눈에 띈다. 되물어 보면,

"당신은 지금까지 어떤 연필깎이가 팔렸는지 알고 있는가?"

하고 물어본다. 그러면 거의가 어렸을 때 가졌던 연필깎이의 지식과 자기 자녀의 것밖에 모른다. 그래서 왕관병마개의 이야기를 들려준다.

"페인타는 병속에 든 알맹이가 상하지 않는 병마개를 발명하고 싶었다.

그래서 지금까지 어떤 마개가 발명되어 있는가 조사했다. 콜크마개, 고무마개, 금속마개, 나사마개, 끼움마개, 음료용마개, 약병마개, 화장품마개 따위 5년 동안에 6백종 이상의 마개를 수집했다.

그래서 드디어 현재의 사이다, 맥주 등에 쓰이고 있는 「콜크를 안에 넣은 금속판을 덮은 마개 왕관병마개」를 발명하여 「소품발명왕」이 됐다.

당신이 만일 연필깎이를 발명하고 싶다면, 지금까지 어떤 연필깎이가 있는가 조사하라. 조그만 문방구만 찾아가도 4~5 종류는 팔고 있다. 우선 그것의 「장점과 단점」을 조사하고, 다시 백화점에서 조사하

고, 다음에는 둥근막대기를 깎는 선반의 깎는 법은 물론, 물건을 깎는 공구에 대한 같은 계통의 지식이 붙고, 그 위에 공부가 쌓여야만 백만 명의 학생이 쓸 수 있는 연필깎이가 발명되리라."

라고 이것은 발명의 하나의 정적이다. 그리고,

"발명력이 있는 사람은 모방도 잘 한다."

는 말도 하나의 진리다.

아이디어를 짜내는 연구를 하고 있는 미국의 오스본은, 한 권의 책의 이름을 붙이는데 6백 종 이상의 이름을 생각해내어, 여럿이서 제일 좋겠다고 생각하는 제명을 골라내어 성공하고 있다.

606이란 독일의 에르리히가 606번 째 실험에서 합성해 낸 「유기비소화합물」로 살발산의 약명을 갖고 있다.

성병인 매독에 무방비상태였던 유럽에서, 살발산의 발명은 획기적이었다. 그 때문에 1908년 노벨의학상이 수여됐다.

이처럼 같은 계통을 꾸준히 붙들고 늘어지는 「억척스러운 끈기」가, 이런 훌륭한 발명을 낳는다.

부지런히 소재 개발하자.

아이디어 창작법의 하나는 「소재를 모으는 일」이다. 이 과정은 두뇌적으로는 그리 어려운 문제가 아니다. 부지런히 필요한 소재를 수집하면 될 뿐이다. 「발의 문제」며 「열의의 문제」다.

아이디어를 짜낸다는 것은 조용한 방에서 가만히 책상앞에 앉아서 후우 하며 담배라도 피우면서 연구하는 것으로 아는 사람이 있는 것 같은데, 이것은 제1 단계와 제3 단계쯤의 일이고, 제2 단계는 원칙적으로 걷는 단계다.

제1 단계에서 결정한 방향에 따라 필요한 소재를 수집하는 일을 해야 한다. 때로는 제2 단계에서 가만히 생각만 하는 사람도 있다. 이것은 자기가 준비한 소재 곧 과거의 체험, 기억을 더듬는 작업이다. 「기억은 재료의 창고」이니까, 아이디어를 짜낼 때, 우선 창고 속에서 준비된 것이 도움이 되는 소재가 있나 없나를 찾아낸다. 우선 나가 걷는 수고도 없고 다음에 손쉽다.

기억의 창고속에서 끌어낸 소재는, 지금까지 자주 사용한 묵은 재료처럼 보이지만, 각도를 바꿔보거나, 현미경을 써서보면, 뜻밖에 이런 면이 있었는가 하는 새 발견을 할 때가 있다.

새로운 성질의 발견이란, 새 소재를 손에 넣는 것과 같다. 우리들은 잘못 사물을 한 쪽만 보고, '이것은 이렇다'라고 잘라 생각하기 쉬운데, 사물은 결코 일면적인 것이 아니다. 좋은 본보기가 사람이다. 여자는 힘이 약한 것처럼 생각하나 불난 집에서 뜻밖의 힘을 내거나, 평소에는 거만스러운 남자가, 앗차 어려울 때는, 찍 소리도 못하고 쥐구

멍을 찾는 일 따위는, 그야말로, 사람에게는 실로 여러 가지의 얼굴이 있음을 보여준다.

그러기에 기억의 재료를 끌어내어,

"무엇인가 새로운 면은 없는가?"

"잊고 있었던 점은 없었던가?"

하며 조사하는 것도 분명히 좋은 방법이다.

이것은 충분히 그 발명의 소재를 모아놓은 노련한 경험자만이 할 수 있을 뿐이다.

큰 업적을 남긴 발명가, 외판원, 학자들은, 발바닥이 닳도록 걸어 다니면서 소재를 모았던 것이다.

발명을 하려면 우선 특허국에 산더미처럼 쌓인 「국내외의 특허 공보」를 열람하고 조사하라.

백화점이나, 상가에도, 산 소재가 가득 차 있다.

신문, 잡지, TV, 라디오, 타인과의 대화 속에서도, 새로운 소재가 넘쳐흐르고 있다.

보고 듣는 모든 것이 귀중한 소재인 것이다.

다량의 발명품

㉮ 20세기에 이룬 60종의 대발명품은 다음과 같다.

① 기업체나 연구소가 이룬 발명품.

아크릴 셀로테이프 동의 연속주조 연속열간압연 방추직물 DDT 디젤 전기기관차 튜크래커 형광등 프레온 냉동제 LP 레코드 메타크릴산수지 네오프렌 나일론 로켓트 셀모터 실리콘 스테인레스 합성세제 텔레비젼 데리렌 4에칠연 트렌지스터 폴리에틸렌 텅스텐 카바이트

② 애호가인 아마추어가 이룬 발명품.

에어콘 자동변속기 베크라이트 볼펜 석유접촉분해 셀로판 크롬도금 시네람 목화따는 기계 싸이크로톤 가스냉장고 전기집진기 전자현미경 자이로·콤파스 경화유 헬리콥터 인슐린 제트엔진 칼라·필름 자기녹음 페니실린 폴라로이드랜드사진기 동력조타(動力操舵) 급속냉동 라디오 안전면도날 스트렙트마이신 즈루사아 직기(織機) 합성편광판 치탄 제록스 지퍼 자동태엽시계

㉯ 일본경제연구소가 기술예칙에 대해, 1970~2000년까지의 30년간을 조사한 것에서, 1970~1980년까지의 10년간을 뽑아 본 것이 다음과 같다.

전자계산기로 하는 의학진단의 실용화 냉동건조를 널리 이용 레이저통신의 실현 세금 징수에 컴퓨터 널리 이용 인공위성에 의한 세계적 통신망의 확립 주택자재의 단위와 감기예방주사 보급 티칭·머신 널리 이용 초음속 항공수송의 보급 도서관의 자동화(찾기, 복사, 재생) 가정용 전기기구의 초소형화(팔목 TV등)의 보

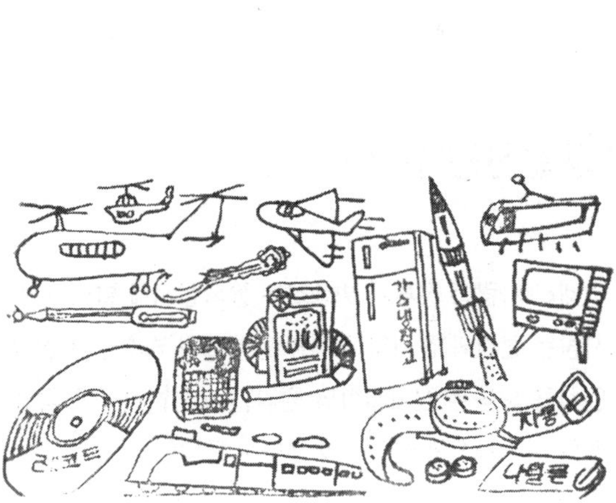

급 비타민 B_6, B12, 동화홀몬 시스틴으로부터의 노화방지의 실현 불임증 내복약 널리 이용 초강력의 금속침상결정 호이스카의 보급 속크·웨버 널리 이용 증식로의 실현과 보급 전기 자동차의 보급 자동지하철 실현 TV전화의 실용화 원격팩시미리에 의한 신문잡지의 가정송신 실현 백만t 유조선의 보급 완전의수의 보급 자동번역기의 실현과 널리 보급 믿을 수 있는 일기예보의 보급 여객용 수직이착륙기의 실용화 경제적인 식용 담백질 합성의 실용화 악성암의 완전회복약제의 완성 사막과 해양의 개발과 이용 원자력에 의한 해수담수화의 경제적 실현 인공두뇌-파세푸트론의 이용 오염공기 청정화의 보급 가정에 있어서 사보기술의 보급 원자력선에 의한 해상수송의 보급 극저온기술의 보급 자동차의 자동운전 등이다.

기업발전은 발명이다.

한 이태리 사람이 전류가 발생하는 볼타전지를 발명하였다. 또 불란서 사람은 전기와 전지의 관계인 앙페르의 법칙을 발견했다. 그리고 독일사람 오옴은 전기저항의 원리인 오옴법칙을 생각했다. 미국사람 벨은 이 3가지의 발견을 이용하여 드디어 전화를 발명했다.

이런 예는 흔히 있는 일이며, 근대의 발명치고 처음부터 끝까지 단 한 사람의 힘으로 이룬 것은 하나도 없다. 이런 과학적 성공 뒤에는 최초의 발명을 한 나라와 나이가 각각 다른 많은 남녀들의 연구 노력의 결과이다. 과학자들은 세계에서 가장 호기심이 강하여, 언제나 주위에서 일어나는 일들에 대하여 질문하고, 또 그들은 질문하는 이상의 일들을 한다. 즉 회답을 얻고자 끊임없이 연구하고 실험한다. 현대의 여러 가지 발명의 기초가 된 수많은 중요한 발견은, 위의 전화처럼 많은 사람들의 피나는 노력의 결과이다. 과학자들은 무엇인가를 생각하고 실험하고 시험한다. 그리하여 새로운 아이디어가 생긴다. 또 다른 사람이 그 새생각을 이용하고 더욱 발전, 변경시켜 다시 다른 사람에게 인계한다. 때로는 이러한 과정이 수백년이나 걸린다. 예를 들면 최초의 증기기관은 2천년 전에 만들어졌다. 사진기의 기본 원리는 8백년 전에 이미 알았다. 4백년 전에, 이미 비행기의 원리와 헬리콥터의 설계가 구상되었고, 낙하산이 발명됐다. 더욱이 그들의 아이디어가 실용적으로 발명되는데는 수백 년이 걸렸다.

이런 것들이 발명되는데 왜 수백 년이나 걸렸느냐 하면, 서로 연

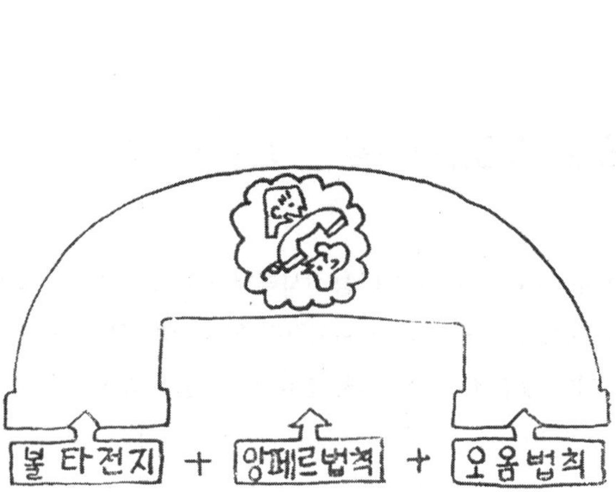

락할 기회가 없었기 때문이다. 전화도 없었고, 믿을 만한 우편시설도 없었다. 자동차, 기차도 없었다. 또 책이나 연구 문헌도 얻기 어려울 뿐만 아니라 엄청나게 비싸고, 구하기도 힘들었다. 이런 까닭으로 과학적인 발견을 한 사람은, 이 사실을 다른 곳의 사람에게 알릴 방법이 없었고, 다른 사람은 새로운 발견의 혜택을 받을 길이 없었다. 따라서 다른 사람이 같은 분야에서 어떤 성공을 하려면 똑같은 발견을 반드시 되풀이해야만 했다.

이런 조건 밑에서 전기나 소리의 원리를 조금도 모르는 체, 전화를 발명하려고 했을 때를 상상해보라. 다행히 벨은 그런 원리를 스스로 발견할 필요가 없었다. 그 까닭은 이미 앞서 간 사람들에 의해 발견되어 책자로 나와 있어서 벨은 그 「책을 통하여 알게 되었기 때문」이었다.

좋은 취미를 기르는 시간을 갖자

회사원이나 공무원은 아침 9시부터 저녁 6시까지 근무한 다음에는 무엇을 해도 좋은 자유시간이 있다. 여기에 토요일, 일요일의 전휴, 그밖에 유급휴가를 친다면 그것은 대단히 많은 시간이 되며, 또 이 자유시간은 앞으로 더욱더 늘어나는 추세에 있다. 이 자유시간을 거저 여가로 생각하지 말고 '정신적인 면을 발전시키는 시간'으로 이용하여, 사업의 공부를 하고, 여가를 즐기는 대신 노력하고, 연구하여 전문가가 되거나 기업가가 되는 것도 좋은 방법이다.

자유시간을 취미에, 그것도 창조적인 자기의 인생을 기름지게 하는 취미의 육성에 쓸 것, 또 그 취미를 가지는 것도 젊어서부터 가지는 것이 좋다. 그 까닭은 젊어서부터 가질수록 그 취미는 50세 쯤에서 십분 길러져서 자기의 삶에 「보람과 보탬」을 가져다준다.

'좋은 취미를 기르는 시간'처럼 생각해서 여가를 즐기며 보다 더 인생에 도움되는 무엇인가를 「탐구하는 시간」에 쓰는 것이 좋을 것이다.

특히 그것이 창조적인 것이라면 자기의 「인생에 보람」을 주는 것이 될 것이다.

K군은 여가를 살려서 실내장식가가 됐다.

처음에는 '자기 집을 세우겠다'는 일념에서 실내장식과 가구같은 것을 연구하는 동안에 정년퇴직 후에는 훌륭한 실내장식가가 된 K

군은 건축과를 나온 것도 아니고, 법과를 나온 평범한 회사원에 지나지 않았다. 그러나 자기 집을 가지고 싶어서, 주택백과라던가 소주택 계획집, 주택 설계같은 전문지를 읽고, 연구하며 그밖에도 신주택, 실내설계입문과 같이 자기가 가지고 있는 자유시간을 소주택 설계와 실내장식의 연구에 몰두하는 동안에 뛰어난 실내장식가로 또 주택건축의 전문가도 겸해서, 월간지 「실내」에도 가끔 기고하게 되었다.

이렇게 일요목공에서 나의 집을 갖고 싶다는 일념이 정년퇴직 후에 실내장식가와 건축전문가로서의 일가를 이루었던 것이다.

K군은 자유시간을 여가로 보지 않고, 연구와 노력과 인내로 자기를 전혀 딴 길의 전문가로 올려 세웠던 것이다.

이처럼 월급쟁이가 갖는 자유시간을 여가라고만 생각하지 않고, 「유용하게」쓸 수 있도록 돌린다면 자칫 따분해지기 쉬운 삶도 풍부해지고 뜻밖의 방면에 대성할 수도 있는 것이다.

건강한 몸에 건강한 발명품이 나온다.

발명가는 튼튼한 몸을 가져야 한다.

그 첫걸음으로 음식물에 조심해야 한다. 발명을 하려면 무엇보다도 자기의 머리를 충분히 활동시켜야 한다. 그러자면 어떤 음식물이 좋을까?

미원, 두부, 달걀의 노른자, 커피, 우유, 버터, 과일, 채소, 치즈, 빵, 김, 콩, 생선, 고기 등 결코 낯선 것이 아니다. 다시 한 번 생각해 보고, 편식을 하지 말아야 한다. 편식은 비단 영양면에서 뿐 아니라 신경질적이고 편협한 성격이 되기 쉽다.

음식은 잘 씹어 먹어야 한다. 몸이 항상 피로하여 있거나 병으로 앓고 있다면 생각한다는 것은 무리다.

「잘 씹고, 잘 자고, 잘 운동하기」는 옛부터 내려온 말이다.

장래에 발명가처럼 머리를 많이 쓰는 사람이 되려면, 건강해야 할 것은 발명의 어려움을 이겨나가는데 힘의 근원이 되는 것으로 에디슨도 건강에 대단히 관심을 가졌었다.

에디슨은 대성한 뒤, 다음과 같은 말을 남겼다.

"요즘 사람들은 과식하고 있다. 지금의 식사량을 3분의 1로 줄이고 영양있는 것을 먹어라."

에디슨이 발명왕이라고 하는 뒤에는 이처럼 몸의 건강에도 항상 조심하였으며 「철저한 금주금연가」여서, 술과 담배는 절대로 하지 않았다고 한다. 심지어 그의 연구실의 연구원까지도 술, 담배하는 사람은 뽑지 않았다고 할 정도였다.

「병원행보다 식단개선을 하라」는 말이 있다.

일상생활에서 건강에 이상이 오면 병원으로 달려가기 이전에 우선 평소의 식단을 곰곰이 점검해 볼 일이다. 매일 우리가 활동하는데 필요한 영양소 중 어느 하나라도 공급이 달릴 경우에 「최적한 건강」을 바랄 수 없게 된다.

한 보기로, 도시락 형태의 개선이 시급하며, 밥 80%와 반찬 20% 비율의 현재 도시락은 불필요한 탄수화물의 섭취를 가져오고, 밥을 먹기 위해 짠 반찬을 넣게 되어, 영양 섭취는 전혀 고려되어 있지 않고 있다.

밥과 반찬의 고정관념을 하루 빨리 고쳐야 한다.

쌀밥을 꾹꾹 눌러박고, 쇠고기 장조림이나 각종 조림 무침 짠지류를 반찬으로 넣어주는 것이 지금까지 도시락에 대한 상식이었으나, 이런 도시락은 영양이 무시된 성의없는 반찬이므로 주부들의 각성이 필요하다.

도시락과 찬그릇을 50:50의 크기로 해보자.

쓸수록 좋아지는 것은 머리다

어떤 신학자의 말에 따르면 '사람은 임종에 이르러 숨을 거둘 몇 초 동안에 그 인생의 엄청난 사건과 경험을 모두 생각해낸다.'고 한다. 인간은 원래 정신능력으로서 이렇게 될 수 있다. 짧은 시간에 아이디어가 구름처럼 일고, 샘처럼 콸콸 솟아나는 것은 놀라운 일이다. 그러나 너무 진지하게 생각하면 새생각은 나오지 않는다. 「상식의 제약을」깨는 일이 중요하다. 문제를 하나 풀기로 하자. 여기에 붉은 벽돌 하나가 있다. 이것의 용도를 5분 동안에 될수록 많이 내어보라. 만일 5이하밖에 생각하지 못했다면 당신의 머리는 분명히 녹슬었다고 말할 수 밖에 없다. 서둘러 분해검사할 일이다. 5~10이라면 겨우겨우이고, 10~15는 보통이며, 10~15이상은 우수하다고 하겠다.

짧은 시간에 많은 아이디어를 내는 데는 비결이 있다. 붉은 벽돌 하나만 하더라도 「붉은 벽돌 하나, 붉은 벽돌 하나...」하며 주문처럼 외운다고 아이디어가 나오는 것은 아니다. 아이디어를 내려면 우선 붉은 벽돌 하나의 특징인 속성을 적어볼 일이다. 그러면 적어도 다음과 같은 속성이 나오리라. 하나의 붉은 벽돌은, 「단단하다」, 「무겁다」, 「입방체」, 「붉다」, 「으깨면 가루가 된다」, 여기까지 오면 다음은 간단하다. 그 속성을 어떻게 이용하는가의 문제가 좁혀지기 때문이다.

《단단하다》는 속성에서, 호두까기에 쓴다. 망치로 쓴다. 태권도의 연습용, 싸울 때 흉기, 해충을 때려 죽인다. 숫돌의 대용품, 은 못 고

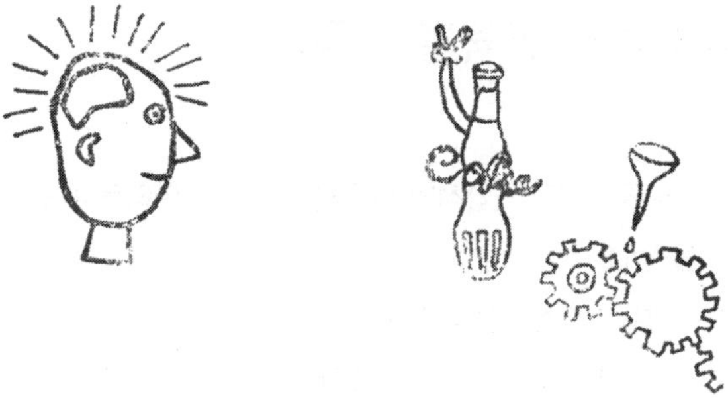

칠 때 밑받침, 모난 데를 연장 대신에, 《무겁다》는 속성에서, 저울의 추, 절일 때 누름 돌, 포환던지기 연습용, 태풍때 찢어진 지붕 누르기, 책보의 4귀를 누른다.

《입방체》의 속성을 살리면.

차의 정지용, 자의 대용, 벽의 구멍, 쥐구멍 마개, 조각의 소재, 장식 표지, 종이상자 만들 때의 틀, 입방체를 견본으로 하는 산수교육의 교재.

《붉다》는 속성을 살리면.

위험신호, 벽돌색의 색견본, 연지나 입술연지의 원료, 섬유의 물감으로, 인주의 원료, 화단둘레의 장식용.

《가루가 된다》는 속성을 살리면.

가루를 무희의 몸에 바른다. 가루를 풀에 섞어서 공작용 찰흙으로, 가루를 모래에 섞어 화분흙의 화장용, 가루를 치분으로 쓴다. (동남아시아용) 이렇게 무한하다. 스스로 문제를 만들어 자기능력을 개발하자.

헌 신문 한 장의 용도도 생각해보자.

창조적인 교육을 시켜라.

어릴 때 지나치게 억압적인 생활지도는 많은 아이들을 압박하게 된다. 예를 들면,

"얘야, 빨리 이 잡동사니를 챙겨라."

하고 부모가 시킬 때가 있다. 그 때 아이들은 그것을 주무르면서 이모저모 실험하고, 검사하면서 「타고난 호기심」에서 배우고 싶어하며, 상상력을 활용하여 창조적인 생각을 시험하고 있는 것이다. 또,

"아이들은 점잖게 하고 있어라."

는 말을 쉽게 한다. 그러나 이럴 때 아이들은 시끄럽게 떠들면서 새로운 경기나, 이야기, 노래 때로는 아이디어를 짜내려 하고 있다. 이런 억압이 매우 강하게, 또 오래 계속되면 아이들은 완전히 점잖아져서 어른처럼 차분하게 되고 만다. 아이들이 자라서 어떤 기회에 자신이 지금까지 얼마나 구속된 것에 눈떠, 그 껍질을 깨고 「독창적인 삶」을 누리고자 결심했을 때, 그들이 일찍이 어린 시절에 갖고 있었던 것을 되찾으려면 그것 때문에 '길고 어려운 뼈가 부서질 정도의 훈련을 다시 해야 한다.'는 사실을 알아야 한다.

자주 보는 일이지만 부모가 시끄럽게 아이들을 꾸짖기만 하는 가정, 아이들에게 전제적으로 임하고 있는 가정에서는 어버이의 명령에 복종하는 흔히 말하는 예의바른 아이로 자라지만, 이런 아이들은 시키는 대로 틀에 박은 듯이 하는 것은 잘 하지만 스스로 창의연구에 집중하며, 스스로 하려는 의욕에 찬 아이들과는 인연이 멀게 되고 만다. 아이들도 인간이다. 하나의 「독립된 인간」이다. 인형이 아니라 살아

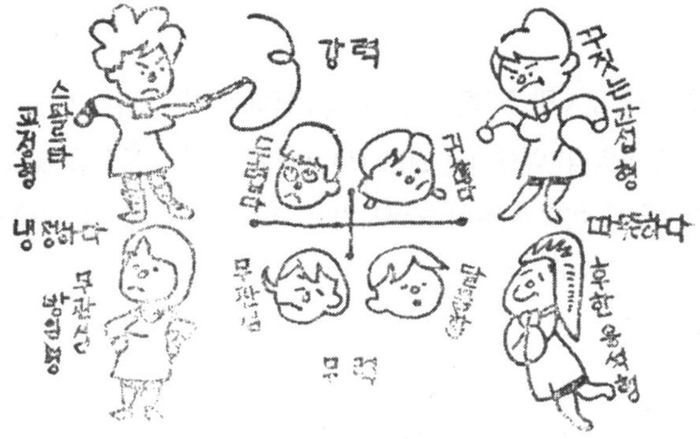

있는 인간인 것이다. 그러기에 인간으로서 살아갈 길을 바르게 열어 줄 책임이 부모에게 있는 것이다.

창조성이 풍부한 사람은 지능과는 별로 관계가 없고, 그 사람이 어디에서 「창조적인 교육」을 받았는가에 따라 「창조적인 습관과 태도」를 가지게 된다고 한다. 결국 창조성은 천재같은 정해진 사람의 특성만이 아니라 누구나 될 수 있는 것이라하며, 아이들의 창조성개발을 위해 교사가 우선 창조적이어야 하듯, 가정에서 부모의 태도와 예의범절을 가르치는 방법에 따라 결정된다.

부모가 엄격하게 아이들을 억압하여 부모의 권위에 복종시키는 가정교육에서는 「예의바른 아이」로는 자랄지언정 「창조성 있는 아이」를 바랄 수는 없다. 아이들이 제 생각을 마음껏 펼치고, 스스로 만들고, 제 눈과 귀로 발견하고, 제 몸으로 확인하고, 제 힘으로 풀 수 있게 밀어 주어야 한다.

창조적 교사는 무엇인가.

「창조적 교사란 무엇인가?」 교육활동에는 예상되는 면과 예상 안 되는 면이 있다. 예상되는 면은 교사가 일정한 지도목표를 세워 그 목표를 어떻게 바르게 빨리 도달시키는가의 면을 생각하여 교육활동을 미리 「예상」하고 「계획화」하고 「능률화」시켜 갈 수 있다.

이 방면의 실천연구의 방향으로서 시청각교육, 티칭머싱, 프로그램학습 등을 들 수 있다. 그러나 이렇게 계획을 세워 지도해도 교사나 학생도 예상하지 못한 사태가 반드시 일어난다. 그럴 때는 임기응변으로 계획을 변경하여 그야말로 창조적인 수업을 펼쳐나가야 한다. 교육활동은 이처럼 교사와 아동, 학생과의 상호작용에 의한 창조활동이라 하겠다.

그 창조활동에 부딪혔을 때 아동 학생뿐 아니라 교사도 그 훌륭함에 놀라고 감격하는 일이 적잖다. 어린이들의 속에 인간의 본성 즉 순수한 인간성을 발견하고 인간이 간직한 가능성을 보았을 때, 그 어린이들에게 갑자기 경의를 표하고 싶은 마음이 일어날 때가 있다. 면담의 경우에도 그런 기회가 자주있다.

상대가 혼자의 어린이일 때도 있고, 집단일 때도 있다. 상대가 어린이거나 자란 청년 또는 성년일지라도 다를 것은 없다. 한 사람의 인간과 만나고 있는 기분에는 다름이 없다. 이것은 신성(神聖) 또는 불성(佛性)같은 참된 자기라고도 하며 이거야 말로 「창조성의 본바탕」이 아니겠는가!

그러므로 이와 같은 교육활동을 창조적으로 전개해나가려면 교사

또는 지도자나 부모가 먼저 창조적이어야 한다. 그러면 창조적인 교사, 지도자, 부모는 무엇인가? 그것은 「교육활동을 통해서 학생 또는 피지도자에게 배울 수 있는 교사, 지도자, 부모」가 되어야 한다.

흔히 유아기나 아동기부터 자녀를 무엇으로 만들까하고 덤비는 부모가 있으나, 일찍부터 「작은 전문가」로 키우고자 하는 것은 그리 현명하다고 할 수 없다. 재능 중에는 「어려서 나타나는 것」과 「뒤에 정해지는 것」이 있기 때문이다.

일반적으로 음악, 미술, 무용 같은 감각적 운동적 재능은 일찍부터 훈련시켜야 하지만 문학이나 과학같은 지적활동의 훈련은 넓은 경험이 필요하며, 그 전문화는 늦어지는 경향이다.

어린이나 학생은 될수록 치우치지 않게 폭넓게 다방면의 활동을 시켜서 「작게 틀에 박히지 않도록」 이끌어 주어야 한다.

낡은 학문을 추방하라.

많은 학교에서 교육의 주안점을 다음처럼 둔다.

「기계적 암시」·지식을 주입하려는 일정한 과정에 따른다. 지식을 「이해」하는 것이 아닌, 다만 지식의 「수집」에 두고 있다. 간서박사는 「미국에서 대학교육의 근본 목적은 실제지식의 수집이다」라고 했다. 그러나 많은 교육자들이 잘 알고 있듯이 맹목적인 암기는 약 90%를 그것을 배운 24시간 안에 잊어버린다고 한다.

낡은 교육과정의 수행, 진부하여 시효에 걸린 것 같은 과거중심주의 교육이 너무나 자주 다만 '그것은 필요하고, 그것은 전통이 있다. 그것이야말로 「오래고, 좋은 대학」에서 해온 교육이다'라는 이유만으로 행해지고 있다.

시대에 뒤떨어진 학문의 습득, 졸업하면 곧 버려야만 하는 구식의 방법과 지식의 습득, 학교의 밖에서는 이 낡은 학문과 조금도 조화되지 않는 새 습관과 발견이 낡은 학문을 추방하고 있다.

순종만 하는 자를 칭찬하고, 상상력이 풍부한 자를 벌하며, 깨끗한 글씨를 쓰고, 숙제를 잘 ,코를 잘 풀고, 결코 불평하지 않는 소년에게 좋은 성적을 주나, 여러 모로 질문하고, 정해진 답을 의심하여 덤비고, 교과서의 문제로 다루고 있는 이상의 일에 흥미를 가지며, 교실의 정숙을 깨뜨리는 듯한 지적이고 활발한 소년은 「문제아」로 낙인찍어 겨우 급제시킨다.

이런 교육이 창조적인 생각을 방해하는 이유는,

① 새생각을 생산하기 위한 지식을 어떻게 쓸 것인가는 안 가르치

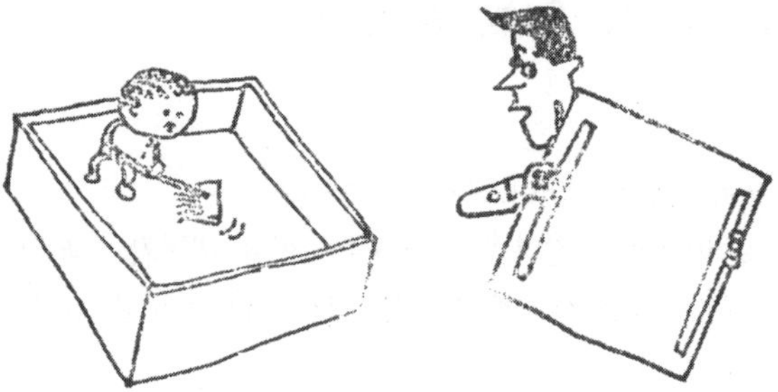

고, 다만 지식만 주입시킨다.

② 학생들이 「현재의 과정을 충분히 마칠 때」까지 무엇을 만들어내고자 하는 자연의 요구에 따라서는 안된다고 명령한다. 그러나 과정을 마쳤을 때는 보통 그들이 창조적인 생각에서 멀어진 습관이 단단히 몸에 배어있는 것이다.

③ 그것은 모방이 권장되며, 독창성이 억압된다.

④ 그것은 가장 쉽고, 단순한 초보적이며, 손쉽게 풀 수 있는 해답을 학생에게 가르치는 것이다. 이런 해답은 「단 하나의 최종적 최량의 것이라 가정」하고 있다. 실제로 이런 해답은 모든 해답이 더 새로운 해답에 의해 밀려나며 가장 쉽게 얻어지는 「일시적인 해답」일 뿐이다.

⑤ 궁극의 목적을 지식의 축적, 기억하고 있는 일이라는 생각을 심는다. 그러나 현실은 교육의 궁극 목적은 그런 정적(靜的)인 것이 아니라, 훨씬 동적인 것이며, 지적활동이 목적인 것이다.

본문은 잭·W·태일러의 글을 전재하였음.

어린이 사고력을 높이자

- **동화를 많이 이야기해서 들려줄 것.**
  이야기를 천천히 듣는 습관을 기르고, 이야기의 내용도 도깨비, 괴물, 미신같은 것보다 내용이 건전하고, 능력에 맞춰 흥미있게 폭넓게 들려주자.
- **생각하는 놀이를 많이 시킬 것.**
  숨바꼭질같이 숨은 곳을 생각하는 놀이나 수수께끼 놀이처럼 문제를 풀어야하는 것을 주자.
- **조용한 환경을 만들어 줄 것.**
  주의력을 늘이는데도 필요하며, 어린이가 늦어도 초등학교 2학년 이전에 공부방을 따로 해 주자.
- **모르면 묻는 습관을 붙여 줄 것.**
  질문은 사색의 표현이다. 활발한 질문은 뛰어난 주의력, 기억력, 사고력의 종합된 빛이라 하겠다.
- **원인 결과의 개념을 이해시킬 것.**
  시간적 공간적 인과적으로 생각하는 습관과, 나열하기보다 서술하게 하고, 또 해석하면서 생각하게 하고, 무엇이나 원인을 생각하도록 습관을 기르자.
- **핑계를 대더라도 꾸짖지 말 것.**
  어린이는 5살부터 대단히 핑계를 잘 대게 된다. 이때 그들의 핑계를 교육적으로 이끌어주자.
- **활기넘치는 성질로 만들 것.**
  「정신일도 하사불성」이란 말처럼 강한 정열이 있는 곳에 훌륭한 지혜가 떠오르게 마련이다.

- **자아의식을 알맞게 조정할 것.**
  사욕이 없는 공평무사한 생각은 어린이의 사고력을 대단히 뛰어나게 한다. 자아의식이 지나치면 제멋대로 하거나, 객관적 전체적 사고력이 약해진다.
- **생각하는 버릇을 붙여 줄 것.**
  무엇이나 제 힘으로 생각하여 해결하도록 하고, 어린이의 질문에 곧 대답하지 말고, 한참 생각시키자.
- **사물을 있는 그대로 생각하게 습관시킬 것.**
  어린이속에는 무엇이나 과장해서 말하는 버릇이 있다. 바르게 생각하는데 방해가 되니 고쳐주자.
- **바르게 생각하는 습관을 붙여줄 것.**
  사고는 신속성과 확실성의 협력으로 향상된다.
- **사고태도에 이상한 습관은 고쳐 줄 것.**
  솔직담백하게 생각하도록 이끌어 주자. 한 가지 일을 오래 근심하는 것은 사고력의 큰 적이 된다.
- **요점을 생각하는 버릇을 붙여 줄 것.**
  생각하는 목표를 분명히 파악하여 줄거리를 세워서 요점을 생각하게 해 주고, 말허리를 꺾지 말자.
- **사고의 기초가 되는 경험을 풍부히 할 것.**

위대한 두뇌의 주인공은 모두 왼손잡이다.

죤·재트슨여인은 왼손잡이었다. 그는 어느 날 정식연회에서 무심히 왼쪽에 놓인 술잔을 그대로 들어 마셨다. 범절에 어긋났기 때문에 동석한 사람들 은 일제히 그 여인을 노려보았다. 그 뒤에 그는 뉴욕에 왼손잡이용품의 전문점을 개점했다. 거기에는 시계, 사진기로부터 왼손잡이의 광고 사진에 이르기까지, 일용품이 수백 종이나 진열되어 있다.

동업자는 런던에 한 곳 있을 뿐으로, 세계 각국으로부터 주문이 쇄도하고 있다. 카다록도 해마다 두꺼워지며 이것도 왼손잡이용으로 거꾸로 꾸며져 있다고 하니 놀라운 일이다.

손발의 운동 조절 기능을 맡은 곳은 큰골이다. 큰골은 우반구와 좌반구로 나뉘어 있다. 우반구의 운동신경은 왼쪽 손발의 운동조절을 맡고, 좌반구에서 나온 운동신경은 바른 손발의 운동조절을 맡고 있다. 왼손잡이는 바른손잡이 10명에 한 명꼴이다. 왼손잡이의 사람은 자기가 불구자이거나 또는 남다르다하여 부끄러운 생각을 품기 쉽다. 그러나 왼손잡이는 타고날 때부터 체질의 탓이고 뇌의 기능이 나빠서가 아니다. 왼손잡이가 부끄럽다고 하여 억지로 바른손잡이로 고치려 든다면, 뇌의 기능에 영향을 주어 밤에 오줌을 지리거나, 심하면 말을 더듬게 된다. 지나치게 걱정하면 기억력이 떨어지며, 주의력이 산만해져서, 일의 능률이 떨어진다. 구미 여러 나라에서는 왼손잡이를 조금도 부끄러워하지 않으며, 바른손잡이로 억지로 고치려 하지 않는다. 제2차 세계대전에 왼손을 잃은 사람 속에선 큰 인물이 안나왔으

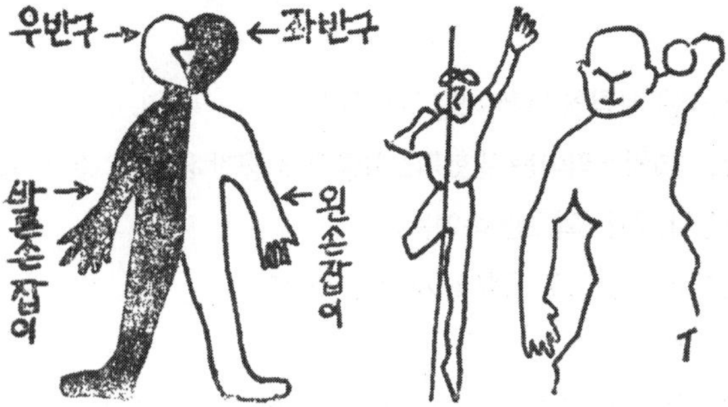

나, 바른손을 잃은 병사 중에선 생각지도 못할 만큼 재능을 발휘한 사람이 많이 나왔다. 불란서 라이히교수는 '인간은 예부터 바른손잡이는 아니었다. 원시인은 좌우 어느 쪽의 손도 써서 고르게 발달한 두뇌를 가졌었다. 그것이 인간의 생활양식에서 바른 손만 쓰게 되어 좌반구만 발달했다. 그 증거로는 위대한 두뇌의 주인공은 모두 왼손잡이였다. 이는 대뇌의 양쪽이 활동하기 때문이다. 레오나르도 다빈치나 미켈란젤로도 모두 왼손잡이였다. 영국의 존·잭슨이란 교육자는 '양손 사용은 머리를 현저하게 좋게 한다.'고 자녀교육에 양손을 많이 쓰게 하고 있다. 가워스 박사는 왼손으로 글씨를 쓰게 하는 방법으로 놀라운 교육효과를 올리고 있다. 최근 미국에서는 「머리를 좋게 하는 운동」으로 좌반신 근육을 놀리는 「반신 운동」이 유행중이다. 우리는 바르고 좋은 것은 서슴지 말고 본받아야 하겠다.

지식은 사람을 날게 하는 날개다.

"지식은 사람을 날게 하는 날개다."

라고 셰익스피어는 말했다. 이렇게 소중한 지식은 주로 독서에서 얻어진다. 젊은 외교관 속에는,

'공부하고 싶어도 공부할 시간이 없다."

는 사람이 많다.

만일 당신이 잘 살고 싶다면 아무리 바쁘더라도 독서를 하라. 그러나 함부로 어떤 책이나 손에 잡히는대로 읽지 말고 「목적과 계획을 세워서」읽어라.

'쓸데 없는 것 백% 갖기보다, 좋은 것 10% 갖는 것이 좋다.'는 말처럼 주간지나 저속한 만화따위에 빠지지 말고, 단행본을 읽기를 권한다.

"양서는 천 권 속에 1권 꼴"이라고 한다.

독일의 문호 괴테는 '80평생을 바쳐도 좋은 독서방법을 알 수 없다.'고 한탄했다.

S무역사의 영업부장 R씨는 직장까지 왕복 2시간이나 걸렸다. 출퇴근을 통해 아침저녁으로 통근기차 속에서 3년 동안 불란서어를 공부하여, 불란서 사람과도 익숙하게 말할 수 있게 되었다.

공무원인 N씨는 왕복 3시간의 통근 열차에서 '시간 때우기 위한 신문이나 주간지 읽기를 그만두었다.' 이렇게 20여 년의 독서는 대학생활에서 읽은 10배 이상의 책을 읽을 수 있었다고 한다.

목욕탕에 들어앉아서 책을 높이 쳐들고 읽고 있는 일본인이나, 도

서관까지 가지고 있는 미국의 농부들의 왕성한 독서열은 부럽기 짝이 없다.

3·1운동 때 독립선언문을 기초한 최남선 선생은 생전에 20만 권의 책을 수집한 것으로도 유명하다. 자랑스럽지 않은가! 본받을 일이다.

지금까지 세계적으로 성공한 인물들의 거의가 가난한 가정에서 태어나서, 아침 일찍부터 밤늦게까지 일하며 그런 속에서 시간과 돈을 짜내어 연구하고, 공부하여 성공했던 것이다.

독서인은 아무리 바쁜 생활 속에서도 책 읽을 시간을 짜 낸다.

식사하는 시간마저 없을 만큼 바쁜 매일을 보내더라도 독서할 시간만은 갖자. 항상 책이 손에서 놀도록 하자. 날마다 1시간만 빨리 일어나 30페이지만 읽는다면 1년이면 3백페이지의 책을 36권이나 읽을 수 있다.

한 권 모두를 읽지 않더라도 자기에게 필요한 곳 20~30페이지만 읽어도 좋다.

문제를 다룬 책은 결론부터 읽어도 좋다. 결론만으로 시원치 않다면 앞으로 거슬러 가면서 읽어라. 보통 시간의 몇 분의 일의 시간이면 충분하다.

상품은 모두 생존경쟁을 하고 있다.

다윈은 진화론에서 이렇게 말했다.

“생물은 모두 생존경쟁을 하고 있다. 그리고 가장 뛰어난 것이 인간이다.”

옛날 옛적에 인간은 성성이나 고릴라와 조금도 다르지 않았다. 도리어 다른 동물보다 힘이 약했다. 달리기도 뒤졌고 또 손톱이나 이빨도 날카롭지 못했다. 생존경쟁에서 무엇 하나 무기가 없었다. 그런 인간이 어떻게 최강자가 되었을까?

백만 년 전의 어느 날, 인간들이 모여 앉아 얼굴을 맞대고 의논을 했다.

“아무래도 뚝심이 센 고릴라를 당할 수 없다. 친구가 잡혀먹히는 것을 보고만 있을 수 없다.”

이런 말들이었다. 그러자 그 때 한 사람이,

“고릴라와 싸워 곧 죽게 됐을 때 곁에 있던 돌을 잡아 꽝하고 머리를 때렸더니 고릴라가 꽥하고 죽어 버렸다.”

고 말하면서 돌로 옆의 인간의 머리를 두들겨 보였다. 모두가 따라 해 보니 그것은 손톱으로 할퀴는 것 보다 훨씬 아픈데 놀랐다.

이 사건은 그 때의 인간에서는, 노벨이 화약을 발명한 것보다 더 큰 사건이었다. 그 뒤로는 인간이 고릴라를 향해 갈 때는 언제나 돌을 가지고 갔다. 그러는 동안에 돌에 자루를 달고, 다음엔 돌에 날을 세우고, 자루를 길게 해 창으로 하고... 이렇게 인간의 발명은 자꾸자꾸 발전해 왔다.

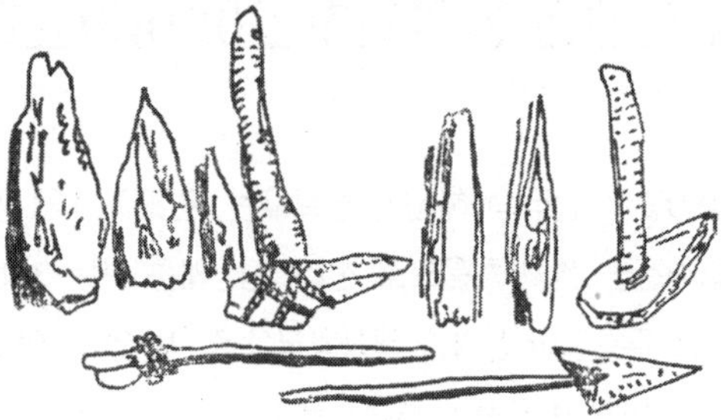

그러나 백만 년이나 지난 지금에도 고릴라는 아직도 돌을 써서 적과 싸우는 일조차 발명 못했다. 이런 차이가 힘이 약한 인간을 최우수자로 만든 것이다. 그러니까 인간의 세계에서도 「발명력이 있는 자」만이 언제나 싸움에 이길 수 있다.

제2차 세계대전도 따지고 보면 발명의 경쟁이었다. 일본은 양동이 계주의 연습에서 중학생의 근육 노동까지 끌어 모았지만 미국은 「노력보다」전국민으로부터 「아이디어를」모집했다.

「시간을 절약하는 아이디어」

「자원을 절약하는 아이디어」

「전쟁을 이기는 아이디어」

이렇게 하니까 그 속에서 그것도 발명초심자의 "셀률로이드 가루에 인을 발라서 비행기로 적국의 상공에 뿌리면 중도에서 공기마찰로 발화하여 타면서 지붕 위에 떨어지니까 불태울 수 있다."

는 아이디어가 채용되었다. 이 불비로 일본은 망했다. 거기에다 원자폭탄이란 엄청난 신무기가 발명되어, 불바다가 된 일본에 급소를 찔렸던 것이다.

해역 전쟁은 발명특허만이 이겨낸다.

서기 480년에 신라의 해운가 장보고는, 완도에 1만 명의 군사를 이끌고 청해진을 설치 처음으로 신라, 당, 왜를 맺는 3각 무역을 열어 동남해를 주름잡아 신라를 해상왕국으로 만들었다. 아울러 임진왜란을 승리로 이끈 충무공의 해전사는 너무도 유명하다. 우리는 이처럼 바다에도 강한 민족이었다. 현재 조선공업은 세계 11위로, 1985년에는 국제수요의 17%를 공급하여 세계 제2위로 올라설 것이다. 3면이 바다인 한국의 어획고는 세계 7위지만 수출은 3위를 차지하고 있다. 더욱이 세계에서 소련 다음으로 큰 2만7천 톤급의 길이만도 206m나 되는 공모선인 「유신호」까지 있다. 한국은 이제 원양어업의 경쟁국은 페루, 일본, 소련정도며 이들 나라보다 신장율이 헐씬 앞지르고 있기 때문에 멀지 않아 세계 제1위의 수산왕국이 될 것이다.

바야흐로 세계는 바다를 둘러싼 해역(海域)전쟁시대가 되었다. 이 전쟁에 이기는 길은, 어선과 장비의 현대화와 어로기술의 향상에 달려있다. 한 예로 동해안의 한국어선은 대부분이 30톤급으로 평균 2500~3000촉광의 집어등인데 비해 일본어선은 2백톤 이상의 어선과 7~10배나 더 밝은 2만 촉광의 집어등으로 바다밑까지 대낮처럼 밝혀 둘레의 고기를 몽땅 끌어모은 다음 「자동조상기」로 마구 주워올리듯 한다. 게다가 일본 전자업체가 새로 개발한 「스키야 소나 FSSI31C형」이란 어군탐지기는 한국어탐기의 최대 어탐각도 45도, 어탐거리 1Km에 비해, 어탐각도 360도, 어탑거리 2Km에다, 영상과 청음장치까지 곁들여 있다. 여기에 일본 정부는, 이 새 장비를 어

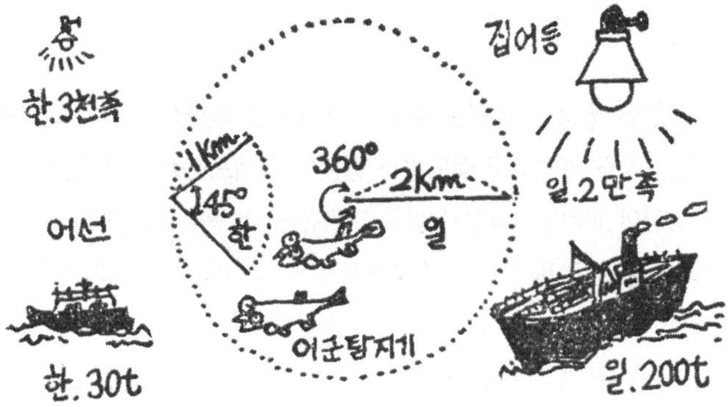

민들에게 저리융자해 주고 있어 95%까지 보급하여 각해역에서 한국어선을 압도하고 있다.

1966년부터 1976년 1월말까지 한국어선에 의한 일본어선의 피해는 12건으로 모두 배상해 주었는데, 일본어선이 한국어선에 끼친 피해는 자그마치 14배인 168건으로 아직까지 13건이나 보상을 못 받고 있으며 일본어선은 공동수역에서 대형어선으로 한국어선이 쳐놓은 어망을 마구 끊어놓고, 심지어 저희어선의 속도를 믿고 우리 전관수역까지 침범하여 새끼고기까지 닥치는 대로 잡아간다.

해역전쟁이란 궁극적으로, 더 크고, 더 빠른 어선과 더 밝은 집어등에, 더 넓고 더 멀리 알 수 있는 어군탐지기와, 더 뛰어난 어로기술의 경쟁이라 하겠다. 싸우자! 이기자! 두뇌개발로!

적을 알고 나를 알면 백전백승한다.

「북한은 병영」, 「소련은 수용소」, 「일본은 백화점」이란 말이 있다. 우리는 지금 북괴의 무력도발과 일본의 경제도전을 받고 있다. 세상은 바뀌어 과거는 「총칼로 싸운 무력전쟁」이 중심이었으나, 「현재는 상품을 통한 경제전쟁」이 치열해지고 있다. 우리는 북괴의 무력도발 못지않게 일본의 경제침략도 이겨내야 한다. 한국은 삼국사기, 고려사, 이조실록에 기록된 것만도 931회나 외국압력을 받았으나, 그때마다 온 겨레가 한데 뭉쳐 슬기롭게 물리친 위대한 민족이다. 갑자기 터진 한국동난은 우리 민족에게 준 말할 수 없는 고통과 2백만 명이 죽은 반면, 일본은 2조 엔을 벌어 다시 일어서는 계기가 됐다. 역사상 한국은 언제나 일본에게 스승이 되어 가르쳐 주었고, 형처럼 돌봐주었었다. 그러나 일본이 강했을 때는, 언제나 우리를 괴롭히고 짓밟았던 것이다. 이처럼 일본은 가깝고도 먼 나라로 일본 S신문이 최근 1천명에 실시한 여론조사에 '한국이 좋다.'는 겨우 1%였다고 한다. 전해오는 말에 '개는 밥 한 그릇 얻어먹은 은혜를 3년이나 잊지 않는다.'고 했다. 일본이 아끼는 국보만 하더라도. 국보 제 1호를 비롯하여 70% 이상이 한국인의 솜씨로 만들어졌다는 사실과는 너무나 대조적인 이야기다.

일본인이란 '약자에 강하고 강자에 약한 근성'을 가진 「섬나라 근성」의 민족으로 「영원한 소인들」이란 별명이 있을 정도다. 한국은 지리적으로 그들과 가깝게 있다는 것이 화근이 되었는지도 모른다. 그러나 어느 한쪽이 이사해버릴 수도 없는 숙명이고 보면, 우리는 하루

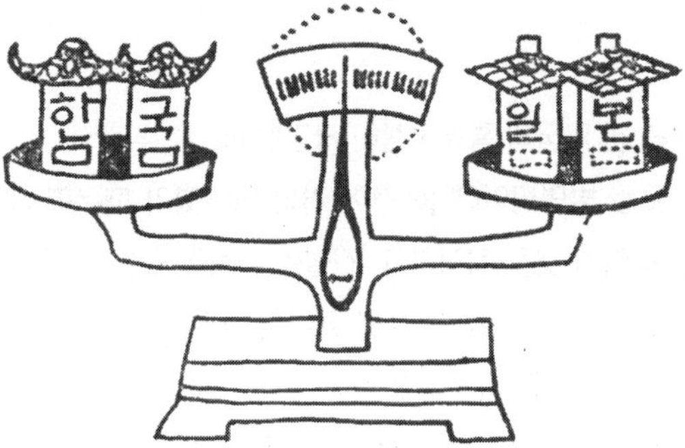

속히 그들과 대등한 실력을 기르는 길밖에 별 수가 없다.

'적을 알고 나를 알면 백전백승한다.'는 손자의 말처럼 일본을 이기려면 일본을 똑바로 알아야한다. 사실 일본인들의 한국연구열에 비하면 우리는 그 한 걸음도 내딛지 못한 실정이다. 최근에 누에고치전쟁만 하더라도, 그들은 신제품 개발에 혈안이 되고 있다. 실례로 나일론, 데트론같은 합섬일색에 질려 비단을 바라는 여성들이 늘어났다. 촉감도 부드럽고, 자연색의 아름다움도 있다. 이러자 비단값이 폭등했다. 발명가들은 이것을 놓칠세라 '비단의 촉감을 어떻게 낼까?'이렇게 하여 태어난 발명이 '10개가량의 고치에서 실을 끌어내어 한 가닥의 실을 뽑는데, 그 속에 나일론실을 3개쯤 섞으면 완전히 비단의 감촉과 같으면서 특수한 실이 된다.'는 화제의 발명품이 나왔다.

지식은 바로 눈앞에 있다.

약 백년 전 미국의 특허국장이 사임할 때,

“앞으로는 발명되어야 할 것이 거의 없어졌기 때문에 새로운 발명이 매우 적어진 것을 지적하고, 진실로 가능한 것은 이미 전부 발명되었으므로, 특허국은 이제는 문을 닫아야 한다.”

고 사직을 결심한 이유를 말했다.

그로부터 지금까지, 모든 세기를 합친 것 만한 과학적인 진보가 이룩되었다. 전등, 비행기, 라디오, 영화, 자동차, TV, 원자로, 우주선, 컴퓨터 등 극히 적은 수의 예를 들 수밖에 없으나 모두 그 뒤의 발명들이다.

‘오늘날 중요한 발명은 이미 다 되었다.’고 말하는 자는 틀렸다는 것을 그 뒤 일 년을 넘기지 않고 증명되었다. 즉 과학의 분야에 있어 새로운 발견 발명이 끊임없이 발표되고 있으니까 말이다.

발명은 단 한 사람의 천재가 해낸 것은 거의 없다. 언제나 발명의 공을 세울 수 있었던 사람은 그 사람에 앞서 다른 많은 사람이 모아 놓은 지식을 토대로 하여 그 일을 한 것이다.

에디슨은 다른 사람이 이미 눈과 빛과 전기의 연구를 하여 그것에 관한 「지식의 보고」를 에디슨에게 제공하여 주지 않았다면, 아마도 영화도 기계도 전등도 발명되지 않았을 것이다. 에디슨은 책을 읽고 과학적 보고를 연구하여, 선인들이 발견한 사실을 배웠다. 그래서 그는 그와 꼭 같은 것을 「재발견」할 필요가 없었고, 그것을 이용해서 그 자신의 새로운 발명을 하고자 더욱 정진할 수 있었던 것이다. 이것은

하나의 예가 아니고 많은 예 중의 하나밖에 안된다. 그리고 과학의 세계에서 언제나 일어나고 있는 것의 전형적인 예이다.

모든 국가와, 모든 주위의 사람들이, 세계의 지식의 창고에 더욱 무엇인가를 더하기 위하여 각자가 여러 가지 방법으로 애써 일하였다.

이 광대한 지식의 창고는 「서적의 형태」로 우리들 모두가 손에 넣을 수 있고, 장차 여러 해 동안에 더욱더 새로운 발견, 과학의 새로운 경이적업적을 향해서 우리들이 전진 또 전진할 수 있는 길을 가능하게 하고 있다.

'지식은 바로 눈 앞에 있다. 그것는 읽기 위한 것이다.' 많은 책에서 지식을 얻어 그 지식을 새로운 위대한 발견, 발명의 수준에 오를 수 있는 사다리로 사용하고, 내일의 에디슨이 되는 것은 누구일까? 그것은 우리들이다.

특허 독점으로 돈을 벌자.

경쟁회사가 훌륭한 신제품을 만들어, 특허로 독점하여 크게 벌고 있을 때, 그것을 거저 보고만 있는다면 못난 이야기가 되고 말 것이다.

특허관리사가 있는 회사라면 곧 그 특허공보를 구해서, 조사하고, 그 「특허 주변의 연구」를 할 일이다.

하나의 유전이 발견되었다면 그 주변에는 반드시 석유가 나올 곳이 있는 것은 틀림없다. 더 큰 광맥이 있을 가능성도 있다. 「적의 특허의 주변을 판다」는 것은 중대한 일이다. 재미있는 실례가 있다. 트란지스타의 발명은 미국의 벨사가 개발한 것으로 그 특허료만도 5천명의 연구원을 50년간 먹일 수 있을 정도의 대발명이다.

이 특허범위는 무섭게 넓어서 솜씨는 모두 그의 범위 속에 들어가게 냈다. 그러면 벌써 주변을 파도 헛일로 생각할 것이다. 그러나 아무리 넓게 권리범위가 났더라도 꼭 맹점은 있게 마련이다. 신용도의 발견 말이다. 미국에선 주로 트란지스타를 군용에 사용, 평화적 이용으론 귀가 먼 사람의 보청기에 쓰는 정도였다.

그런데 일본의 소니가 그것이 주변개척을 시작하여 라디오에 쓰는데 성공, 이리하여 트란지스타라디오는 거꾸로 미국에 무섭게 역수출된 것이다. 물론 권리료는 지불하고 있다. 그러나 트란지스타는 1개에 백원가량이다. 그 몇%를 권리료로 지불해도 대단한 것은 아니다. 트란지스타라디오는 1만원이상 한다. 그것을 몇 백 만대나 수출했으니 이족이 훨씬 득이다. 이것은 분명히 주변개척으로 큰 수가

난 실례다. 다시 소니의 E씨와 조수는 세계의 학자가 트란지스타의 정도를 높이고자 99. 99999999란 9가 10이나 붙는 통칭 텐·나인의 고순도의 트란지스타를 구할 때 그와는 반대로 순도를 떨구어가니까 99·999쯤에서 놀라운 스위치작용을 하는 것을 찾아냈다.

그것이 에사끼다이오드인 것이다. 트란지스타의 발명가 쇼크레박사는 '트란지스타발명이래 혁명적인 발명'이라고 격찬했다. 그런데 이번에는 미국에서 이 다이오드의 주변개척을 시작하여 다이오드를 전자계산기에 썼더니 계산속도가 천배나 빨라졌고, 또 그것을 기억장치에 써서 30배나 빨리 기억하게 만들어 특허냈다.

따라서 에사끼다이오드 1개에 1~2원의 특허료에 비하면 1억 원짜리 전자계산기는 백만 원이란 특허료를 미국이 받고 있다. 소자본, 소인원, 소설비의 소기업은 남이 손대지 않는 부분인 주변을 파라. 주변이라고 깔보지 말라. 거기엔 대광맥이 잠들고 있는지도 모른다.

기업경쟁은 아이디어 싸움이다.

미국 담배 럭키·스트라이크(빨강 동그라미표)와 캬멜(낙타표)의 판매 경쟁을 보면,

"이만하면 문제 없다."

고 생각하고 개선하지 않아서 비참하게 패배한 좋은 실례를 하나 들어보자.

지금은 담배갑에 셀로판포장은 일반화되었지만 그 시작은 캬멜담배였다.

미국의 담배는 민영으로 그 중에도, 럭키·스트라이크와 캬멜은 항상 1, 2위를 다투는 경쟁회사로 조금도 방심할 수 없는 사이었다.

당시 캬멜은 오랫동안 럭키·스트라이크에 눌려서 어떻게 해서라도 앞질러야겠다고 눈에 쌍심지를 키고 있었다. 그 때에 셀로판지의 새로운 아이디어가 나타났다.

"셀로판으로 싸면 담배가 눅눅해지지 않는다."

는 장점으로 지나치게 건조하지도 않아서 항상 이상적인 상태로 담배를 보관할 수 있었다.

"됐다. 이것으로 누르면 럭키쯤이야! 다른 담배도 이제야 꼼짝 못하겠지!"

간부들은 뛸 듯이 기뻐하면서 셀로판포장의 캬멜을 대대적으로 선전했다. 그러나,

"이것보다 앞지르는 아이디어는 없다."

고 생각한 셀로판포장이 뜻밖에 잘 팔리지 않았다. 그래서 꾸물거리고 있을 때, 적수인 럭키가 재빨리 팔말이나 호프가 하고 있는 것과

같은 셀로판포장 위에, 가늘고 빨간 테이프를 붙여서 테이프만 당기면 곧 셀로판 포장이 뜯어지게 한 신제품으로 도전해 왔다.

이것으로 캬멜은 럭키에게 지고 말았다. 까닭은 셀로판포장은 분명히 좋은 특징을 가지고 있으나, 피우는 사람의 처지에서 보면 셀로판을 뜯는다는 것은 퍽 귀찮았다. 잘못하면 감질나게 뜯기지 않는다. 그래서 잘 안팔렸던 것이다.

그러나 럭키는 빨간 테이프로 간단히 뜯긴다. 그래서 럭키는 인기가 있었던 것이다.

이것을 보면 캬멜은 일단 좋은 아이디어를 냈으나 「한 발 더 나아가 소비자의 습관을 바로 알지 못한 것」이 커다란 잘못이었다.

상품의 아이디어를 낼 때, 충분히 소비자의 습관을 조사할 일이다. 최후의 비결은,

"결코 현상에 만족하지 말라."

는 말이다. 웰스는 저 유명한 역사책에서 말했다.

"자연계에 있어서 단 한 가지 용서할 수 없는 죄가 있다. 그것은 '정지해 있는 것'이다."

중소기업 발전은 자체 기술개발이다.

봉투에서 가장 화제가 잘 되는 것은 개봉할 때에 가위가 필요없다는 것이다. 그래서 T군 ㉮처럼 투입구에 재봉실로 박아두니까 개봉할 때에 이 실만 당기면 된다는 실용신안을 받아 외국우편같은 것에 상당히 사용되어 성공하고 있다. 그러자 이것을 읽은 독자로부터,

"재봉으로 박으면 시간이 걸리니까 실을 하나 넣어두는 것만으로 개봉된다. 이것은 권리가 안될까?"

하는 사람도 많다. 그러나 이것도 이미 옛날에 허가된 것으로 이미 늦었다. 또 어떤 사람은,

"재봉실같은 것은 없어도 된다. 재봉침 구멍만 뚫어 놓으면 된다."

고 하나, 그러나 이것도 벌써 봉합엽서에 사용되고 있어 이미 널리 알려진 「공지(公知)의 발명」이다.

이 밖에도 왕복봉투 등 수없이 많은데, 이것들의 결점은 「자동적인 제조」가 어렵다는 점이다.

봉투는 앞장과 뒷장을 포개 쌓아두면, 기계가 한 장씩 접어서 풀발라 붙여나온다. 그러면서 이것이 급류처럼 빨리 흐른다. 이렇게 해야만 저렇게 싸게 된다. 그러나 이런 왕복봉투는 기계로 대량생산이 안된다.

봉투는 모양과 접기를 바꾸지말고 그러면서 편리한 방법을 생각해나야 한다. 그러나 특수한 고급봉투라면 관계없다.

가령 봉투에 수신인의 이름까지 쓰는데는 한 장에 1원 안팎의 돈이 든다. 그렇게 되면 「투명창 달린 봉투」를 만드는데 내직에게 맡겨도

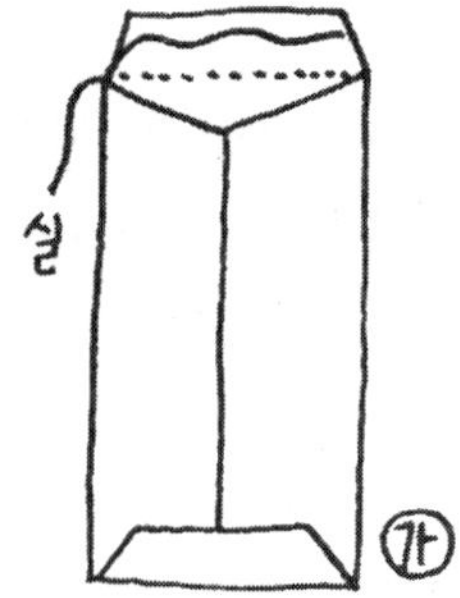
실
가

나
투명창
투명창
불투명하거나 무늬인쇄로
하여 투명창만 남겨놓고
속이 안보이게 만든다.

된다. 이것이 미국의 한 공원이 발명한 봉투로서 우리나라에도 상륙했다. 그러나 「셀로판」을 붙인다는 작업은 역시 귀찮다. 이에 P씨는,

"투명한 종이에 창만 남기고 인쇄하여 불투명하거나 속이 안보이는 무늬인쇄로 하여 그 종이를 만들면 투명창이 된다."

는 봉투를 고안했다. 이것은 제조법도 바꾸지 않고 되는 것으로 지금 업계에서 선풍적인 대발명이다. 왜 이렇게 간단한 것에 생각이 못 미쳤을까? 그것은 출원 당시는 투명지가 대단히 비싸서, 내직으로 셀로판을 붙이는 편이 훨씬 쌌기 때문이라는 Y봉투사장의 말을 들은 P씨는,

"투명지는 멀잖아 싸게 만들어질 때가 온다. 출원해두면 반드시 수년 후에 대발명이 된다."

고 믿고 특허출원했다. 중소기업은 「적어도 2년앞」을 내다 볼 줄 알아야 살아갈 수 있다.

기업마다 특허기술 가져야 한다.

지금까지 중소기업이 크지 못한 원인은 자기 제품을 못가진데 있다 하겠다. 자사독특의 기술과 공업소유권을 못가지고, 또 독특한 제품이 없기 때문에 거래처인 대기업의 판매창구에 경쟁회사인 수많은 회사들이 함께 밀려 들어 판매 경쟁을 하게 된다. 제품의 특징이 없기 때문에 끝내는 값에 따른 「과당경쟁의 길」만이 남아 있을 뿐이다.

모기업에겐 발밑에 밟혀서 가격에 눌려 비록 내키지 않는 주문일지라도 감수할 수밖에 없다. 외판원들이 기를 쓰고 주문받기 경쟁을 하는 것도 이 때문이다.

자사의 표준제품이 없으면, 공장능력을 채우기 위해 수주조건의 좋고 나쁨을 가릴 수 없다. 도나 개나 받아와야 하기 때문에, 다종(多種) 소량생산의 어려움에 빠진다. 그래서 종류는 많고 일정한 생산이 안되어 자주 변경된다. 시간적 손실이 생기고, 작업은 언제나 능률이 안오르고, 종업원은 고도의 숙련을 익힐 수 없다.

기술부족, 제품의 특징도 없고, 아이디어의 부족 등에 따라 얼마나 많은 기업이 무너졌는지 모른다. 중소기업은 창의연구에 따른 신제품을 만들어, 공업소유권을 얻지 않고는 성장발전을 바랄 수 없다. 「자기들이 아니고서는 안된다는 신제품」을 갖지 않고서는, 아무리해도 자본이 적고, 인재가 안모이는 중소기업이 번영발전할 수 있겠는가? 성공한 중소기업의 대부분은 모두가 이처럼 남이 따를 수 없는 특징을 가진다는 법칙을 지키고 있다. 신제품이라 하더라도 결코 중앙기술연구소나 대학의 연구실에서 태어난 것 같은 고도의 것만이어야 한

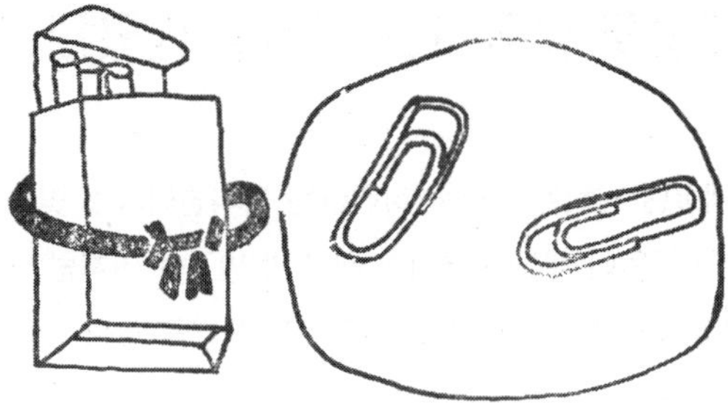

다는 법은 없다. 그것은 사장의 아이디어로부터, 종업원의 조그만 제안에서 태어나기도 한다. 미국의 중소기업은 각자 「전문화」가 되어 있어서, 대기업이 할 수 없는 「독자의 제품」을 가지고 있다. 가공도가 높은 제품이나 특수한 기술이 필요한 제품, 대량생산이 안되는 것들과 같은 것이다. 그래서 각 중소기업은 「각자의 분야에서 공업소유권」을 가지고 있기 때문에, 비록 작기는 하더라도, 그 독자의 전문분야에서 남이 따를 수 없다는 높은 자랑과 자부심을 가지고 있는 것이다. 그곳에는 출혈이란 없다. 바람없는 무풍지대다.

한국처럼 이리 갈까 저리 갈까하며, 들뜨는 일은 미국기업엔 없다. 한국의 중소기업에 있어서 가장 중요한 것은 「기술의 향상과 시설의 합리화」에 있다. 이것에 따라 나만의 신제품을 만들어야만 「대기업과 대등한 거래」를 할 수 있다.

코카콜라는 어느 시골의사가 좋은 음료수 제조법을 발명하여 특허를 받았다.

지우개달린 연필을 고안한 하이만은 윌리엄이라는 벗의 도움으로 비로소 이 고안이 세상에 팔리게 됐다. 발명가는 이처럼 후원자를 가지는 것이 무엇보다 중요하다. 지금까지 산업을 일으키고 세상에 유익하게 한 발명에는 반드시 「경영수완이 뛰어난 사람이 꼭 함께」 해주었다.

제2차 세계대전 중 적대관계에 있던 미국의 코카콜라를 몰래 마셨다는 힛틀러의 이야기는 너무도 유명하다. 세계에서 가장 신나게 팔리는 상품으로 1분에 7병 꼴로 팔린다는 코카콜라는 인류 역사상 이것이 처음이라고 한다. 이 코카콜라는 어느 시골의 의사가 좋은 음료수의 제조법을 발명하여 특허를 받았다.

어느 날, 그 의사는 견본을 만들어 그 권리를 팔고자 시내에 나왔다. 낡은 차탕관에 그의 발명음료수를 담아 명주보자기에 싸든 모습은 다소 초라해 보였다. 두서너 집을 찾아 상의했으나 뜻을 이루지 못하고 저녁 무렵에 어느 약방에 들렀다. 그 곳에는 젊은 약제사가 있었다. 의사는 이 청년에게 열심히 설명하여 그 권리를 드디어 5백 달러에 팔아 의기 양양하게 돌아갔다.

한편 이것을 산 청년은 오륙년 동안 열심히 모은 5백 달러의 큰 돈을 내던진 것이다. 어떻게 보면 경솔스럽기까지 해보였다. 그러나 그는 자신을 가지고 벗들을 설득하여 돈을 모아 사업화에 나섰다. 이렇게 탄생한 것이 저 유명한 코카콜라 음료이며, 이것을 산 청년이야 말

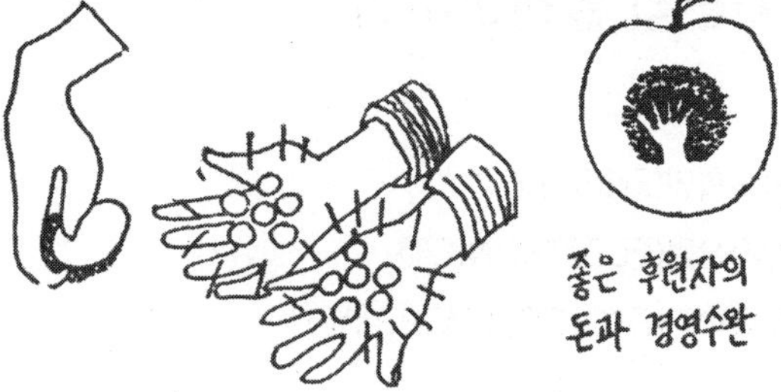

로 후일, 세계에 군림한 캬도라였다.

처음에는 한 농촌에 지나지 않았던 졸지아는 그 후 몇 해 안에 제당업이 일어나고, 철도가 깔리고, 대학이 서고, 미국에서도 손꼽히는 공업도시가 되었다. 이것은 모두 코카콜라 때문이다.

가령 이런 일이 우리나라에서 있었다면,

"이 사기 의사녀석 선량한 청년의 피와 땀의 대금을 속여서 뺏다니…"

하고 비난하며, 또 청년을 향해서는,

"너무 뱃장이 세다. 경솔도 정도가 있어야지."

하고 조소할 것이다.

그러나 반면 캬도라의 대성공을 보고는,

"캬도라는 너무 했다. 그런 엄청난 발명을 겨우 5백 달러에 사다니…"

하고 비난할 것이다.

그러나 미국에서는 당사자인 두 사람 모두 감사하며 서로 만족하고 있는 것이다.

전자산업 발전이야기

1. 동력혁명(ENERGY)
2. 전자산업(ELECTRONICS)
3. 재료혁명(EXOITIC, MATERIAL)

의 3E시대가 찾아 왔다.

동력혁명은 석탄에서 석유로 되고, 이미 원자력시대로 접어들고 있다.

전자산업은 전자계산기나 방송 그 밖의 각종 데이터 통신기로서 앞으로 자꾸 발달해 갈 것이다.

재료혁명은 전혀 보지도 못한 새로운 재료가 자꾸자꾸 나타난다. 이것은 이미 20세기에 와서 플라스틱이라는 전혀 새로운 재료의 출현에 따라 시작되었다.

플라스틱은 특수한 목적과 질을 가진 재료로 만드는 새로운 재료산업의 최초의 것이다.

현재의 기초재료는 유리, 선철, 비철금속, 도자기, 목재 등은 이미 4천년전부터 존재해왔고, 고무, 알미늄만이 근대의 재료다. 그것에 플라스틱의 연구로 여러 가지의 것으로 개발이용되어 재료혁명의 선두주자가 된 셈이다. 지금은 플라스틱만이 아니라 우리들이 전혀 상상도 못한 새로운 재료가 여럿 발명되어 몇 백 년 동안 가장 뚜렷한 산업이었던 광업, 제재업, 유리, 종이 같은 여러 공업 또는 이들을 원재료로 가공하는 여러 산업은, 새로운 신재료의 출현에 따라 대혼란이 일어날 날이 머지 않으리라. 새로운 재료는 산업을 새롭게 탈바꿈

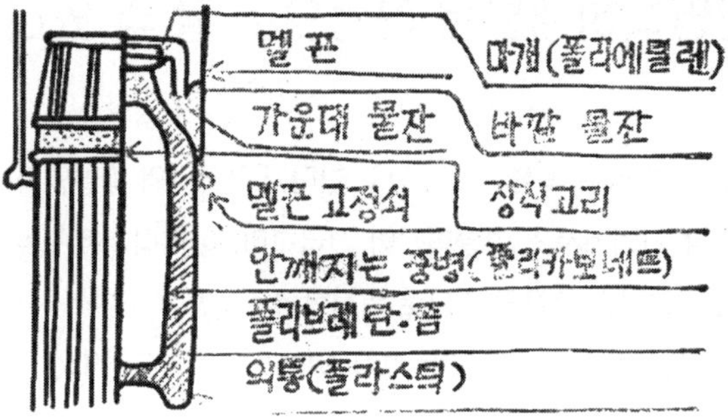

시킬 것이 틀림없다.

플라스틱으로 만든 못을 판자에 박을 수 있게 됐다. 이것은 농담이 아니다. 포리카보네트는 미국의 G.E사가 이미 1957년에 만든 것으로 드디어 플라스틱이 금속으로 바뀐 것이다.

보온병하면 깨지기 쉬운 것으로 알고 있다. 속을 진공으로 한 단열의 병은 보통 유리로 되어 있으므로 거칠게 다루거나 어떤 충격에 깨지기 쉽다. 그러나 폴리카보네트의 출현으로 깨어지지 않는 보온병이 드디어 만들어졌다.

유리처럼 2중병이 아니고 단 한 겹의 포리카보네트로된 병이다. 단열하고자 이 병의 바깥은 폴리우레탄·포옴으로 싸고 그 바깥의 표면을 역시 적당한 플라스틱으로 만들었다. 누수안전의 가운데 마개에서 물잔까지 모두 플라스틱이다.

보온 8시간, 보냉 24시간이며, 떨어뜨려도, 두드려도, 깨지지 않는 보온병이니 참 편리하다. 속이 유리의 병으로 되어, 조심조심 쓰는 것과는 하늘과 땅의 차이가 있다.

발명특허개발은 공동으로 할 수 있다.

발명가의 경우 독점가가 많다고 한다. 「전국민의 총발명가 시대」라 하고, 각 기업에서도 기술혁신이 시급하며, 아이디어에 칼날을 세우고 있는 오늘날, 혼자의 힘으로 독점할 수는 없다.

집단화야 말로 시대에 맞는 발명상법의 하나라고 본다. 그 좋은 예를 하나 들어 본다.

중소기업의 작은 회사에 근무하는 T씨 회사의 일과는 아주 딴판인 초심발명가의 아이디어 모임을 맡고 있다. 현재 회원 15명으로 대부분이 월급장이다. 이 모임은 학습잡지를 다루는 R출판사와 손잡고, 그 출판사가 다달이 내는 학습잡지의 학습부록을 월 1회 연구회를 열어 검토하고 있다. 그 부록의 내용은 책의 것은 없고, 모두 가공한 것이다. 가령 카드나 두루마리종이를 사용한 「한자연습기」라든가, 「지도거리계」 같은 것이다.

모임을 만든 이유로, 「상품주기가 짧다」는 것, 「다달이 새것이 연구된다」는 데서 생겼다. 이것은 분명히 시대에 맞는 집단화라고 하겠다. 그 속에도 학습부록의 경우에는 다달이 나오고 1학년, 2학년처럼 학년별이며 다루는 건 수도 많고 아무리 해도 혼자로는 처리가 안되며 어렵다는 점도 있었다. 이렇게 여러모로 검토하면서 매월 몇 점이 채용되며 채용된 것은 출판사에서 한 건에 얼마라는 소정의 수입이 들어온다.

그 수입의 90%는 고안자 개인에게 돌아가고 나머지 10%는 모임의 적립금으로 친목을 위해 쓰인다.

△ 한사람의 천재보다 20명의 범인이 낫다.

참고로 회원의 거의가 연간 40만원 안팎의 수입을 올린다. 월수입 3만원은 확실한 셈이다.

이처럼 비교적 확실한 수입 외에 또 다른 발명을 하면 되니까 나쁠 것도 없다.

물건을 판다든가 가정사를 융통하는 일도 하나의 사고(思考)니까, 자의식을 가짐에 따라 예술가는 못되더라도 누구나 발명가는 될 수 있다.

오늘은 문방구, 내일은 부엌살림, 이렇게 「떠돌이 발명」은 절대로 금물이다. 발명에 성공하려면 반드시 「전문분야」를 가져야 한다.

또 발명의 경우 자주 있는 일로, 자기자신에 반하는 경우가 많다.

"자기 발명에 자신을 갖는 것은 좋으나, 결코 반하지는 말라."

는 말처럼 자기 생각 속에는 이미 시대에 뒤떨어진 것도 있다. 역시 믿을만한 제 3자, 경험자, 공공기관과 상의하고 평가하는 것이 좋다.

구멍모양을 살짝 비춘 아이디어가 성공했다.

대한석공 연구실은 갈아넣기 편하고, 불 잘 붙는 가정용 22공탄 개발에 성공했다. 지금까지의 밑면의 구멍 지름 13mm를 18mm로 5mm넓힌 것으로

1. 밑쪽의 구멍이 넓기 때문에 연탄 갈아넣을 때, 구멍을 애써 맞출 필요가 없고,
2. 따라서 연탄 냄새를 맡는 시간이 짧으며,
3. 상하탄의 접촉면적이 적어 불 갈 때 붙지 않으며,
4. 아랫불이 약하거나, 웬만큼 젖은 탄도 불이 잘 붙는다.

일반 시중탄의 착화시간 69분 보다 6분이 단축됐고, 열효율도 31.41%에서 36.61% 로 5.2% 향상됐다. 또 구멍을 넓힘으로 무게도 현재의 3.6kg이 3.1kg으로 줄어 0.5kg이 절약되어, 가볍기 때문에 운반에도 힘을 덜고, 전국의 연간 무연탄 소비량을 80만t, 값으로 40억원, 경기도민의 연간 소비량과 맞먹는 양의 절약이 됐다.

구멍 모양을 살짝 바꾼 아이디어가 이렇게 많은 효과를 낼 수 있다는 사실을 명심하자.

미국의 싱거는 호우노인의 '바늘끝에 구멍을 뚫는다.'는 아이디어를 사서 개량하여 1845년에 완성했다. 마침 시대가 거기까지 와 있었기에 재봉틀의 매상이 올라서 싱거는 놀라울만큼 많은 돈을 벌었다.

당시 호우노인은 가난에 쪼들려서 말이 아니었다. 어느 날 점두에 있는 재봉틀을 보고 깜짝 놀랐다. 자기의 특허인 「끝에 구멍뚫은 바

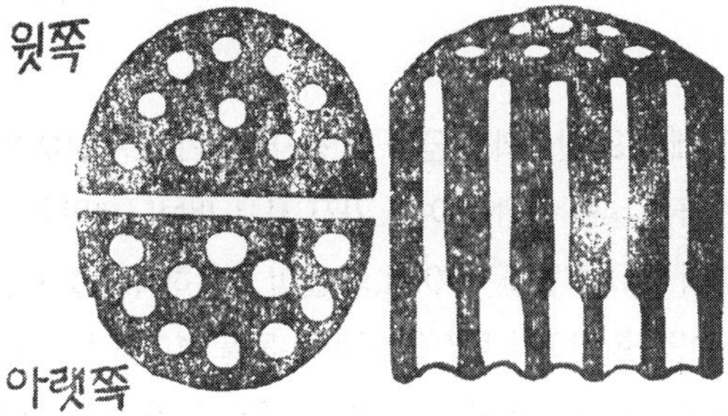

늘」을 쓰고 있지 않은가! 그 밖에도 자기가 연구한 것이 많이 쓰이고 있었던 것이다.

호우노인 곧 그 제조가인 싱거에게 편지를 내어,

"권리침해를 하고 있으니 사용료를 지불하라."

고 신청했다. 그러나 싱거는 쉽사리 응하지 않았다. 이에 1850년 싱거에게 소송을 걸었다. 4년에 걸친 특허재판의 결과,

"싱거는 호우에게 한 해에 20만 달러의 특허권 사용료를 지불하라."

는 판결이 내렸다.

호우노인의 가정은 이 판결로 오랫동안의 노고가 빛을 보아 가난을 벗었다.

이 고전적인 발명에서 배울 것은 조그만 궁리나 잠깐 동안의 아이디어만으로는 발명에 성공할 수 없다. 하나의 문제를 가지고 몇 해 동안 자나깨나 앉으나 서나 오직 연구에 또 연구를 거듭해야만 「참다운 발명」이 태어나는 것이다.

어떻게 알맞게 데울 수 없을까?

발명전에서 20만원의 상금을 탄 경사용액기 ㉮는 H부인의 고안품이다. 눈금을 넣은 물잔을 여러 가지 사서 써보니 불편한 점이 많았다. 유아의 우유를 만들 때 0.2L의 물이 필요하다고 할 때, 일정량의 물을 재려면 몇 번이나 물잔을 기울여 물을 부어서 눈금에 맞추어야 한다. 때로는 너무 부어서 다시 퍼내야 하기도 한다. 이럴 때는 누구나 언짢아지기 쉽다. H부인은 속만 태우지 않고 그 해결방법을 연구했다. 부었다 쏟았다. 하여 0.2L일 때 물잔을 기울여 거기에 맞추어 금을 그었다. 다음부터는 처음에 물을 가득 붓고 물잔을 기울여서 눈금에 맞추어 따르면 단 한 번에 끝낼 수 있게 됐다.

남편은 모주망태여서 저녁술을 거른 일이 없다. 이웃에서 술에 취해서 정신을 차리지 못하거나, 한밤중에 맨발로 돌아오는 일쯤은 N부인에게는 차라리 걱정이 덜 된다. 그러나 술을 데우는 온도를 맞추라는 잔소리가 하나의 두통거리였다.

뜨거우면 언짢고 또 미지근하면 꾸중이어서,

"어떻게 알맞게 데울 수 없을까?"

저녁마다의 일이어서 이리저리 궁리했으나 뾰족한 묘안이 안 떠오른다. 끝내는 남편의 귀가시간이 다가오면 우울해졌다. 어느 날 여느 때처럼 유리병에 술을 담아 탕에 데우고 있으려니, 온도가 올라감에 따라 술의 양이 불어난다. 마치 온도계의 수은주가 올라가는 것처럼 술병의 속을 술이 올라가는 것이 보였다. N부인,

"술이 올라가는 곳에 눈금을 적어 두면 온도를 알 수 있을 것이 아

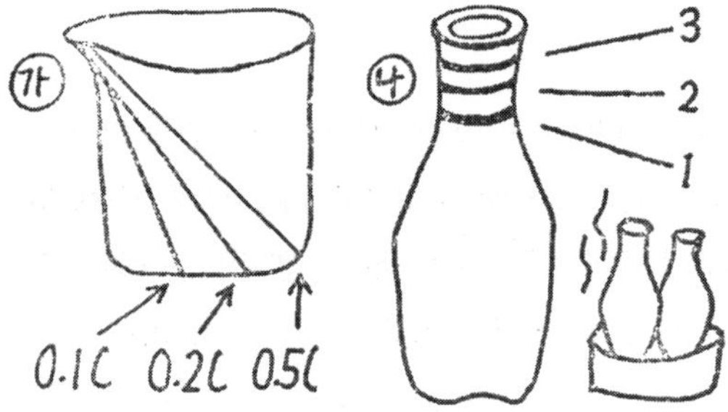

닌가?"

그래서 ㉯처럼 ①의 곳에 선을 긋고 거기까지 술을 넣고 탕에 담아서 데웠다. 그러자 술이 자꾸만 올라와 알맞은 50도에 ②의 선을 그었다. 다시 따끈한 온도인 60도가 된 곳에 ③의 선을 그었다.

"당신 요사이 술 데우는 솜씨가 놀라와졌소!"

날마다 마시기 알맞게 데워진 술이 나올 때 마다 이상하게 여겼던 남편은 그 비결을 듣고 놀랍고 고마워서 얼싸 안고 기뻐했다.

곧 실용신안에 출원했다. 그리고 3줄의 선은 황금색으로 했더니 놀라운 의장이 됐다.

이 술병은 백화점에서 인기 상품이 됐고, N부인에게 다달이 15만원의 고안료가 굴러 들어와 부부의 사랑은 더욱 더 완만해졌다.

금 그을 곳 찾아보기 운동을 권한다.

솔잎 향기로 떼돈 벌다.

미국 캘리포니아 주는 귤의 생산지로 유명한데 이 주의 여러 도시를 달리는 고속버스가 귤냄새를 뿌려주는 봉사를 시작했다.

그 방법은 지극히 간단해서 버스의 연료인 중유에 귤의 향료를 탄 것뿐이다. 또 차안에도 달콤하고 향기로운 귤향기를 뿌리고 있다. 여름에는 저린 땀 냄새로 기분이 불쾌해지기 쉬운데 이 버스가 달리면서부터 차안의 공기가 부드러워졌다. 거기다가 이 봉사는 과일 전문인 H사와의 제휴로 하고 있어서 H사는 매상이 부쩍 늘어났다. 그 이유는 귤냄새를 맡으면 나도 모르게 갈증이 나서 귤이 먹고 싶어진다고 한다.

미국 버몬드주의 V씨, 폐가 약해 요양하러 한적한 시골을 찾았는데, 이곳에 많이 자라고 있는 솔잎 냄새가 무엇이라고 말할 수 없는 쾌감을 주었다. 더구나 이 솔잎 향기의 쾌감이 병까지 낫게 하는데 도움을 주었다고 믿고, 솔잎 향기에 고마움까지 품게 되었다.

"어떻게 하면 남들에게도 이 쾌감을 맛보는 기쁨을 나눌 수 있을까?"

하고 생각한 V씨, 드디어 솔잎비누를 만들었다. 그는 조그만 회사를 만들어 솔잎비누를 팔기 시작했다. 이것이 차츰 인기를 끌어 지금은 솔잎비누 하나가 대회사로 발전하여 성업중이다.

또 이것은 누구나 잘 알고 있지만 장어의 광고는 무엇보다도 그 냄새가 제일이다. 장어의 그림을 보여도 식욕은 안 일어난다. 영양이라고 떠들어도 영양이라면 딴 것도 있다고 반론도 나온다. 그러나 수 십

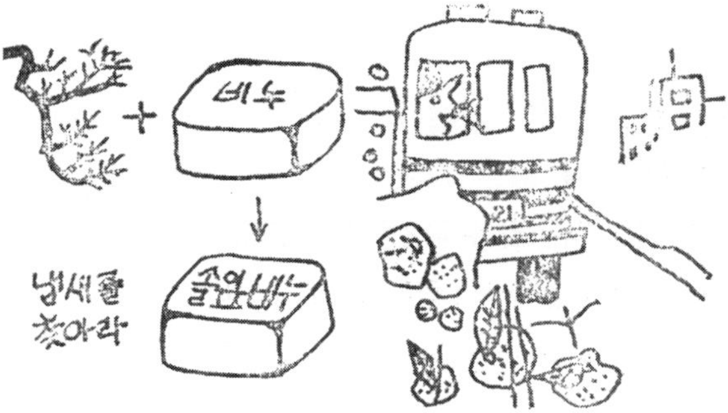

m 저쪽에서 흘러나오는 장어구이의 냄새는 우리들을 장어구이집에 이끌고 만다.

최근에 냄새나는 인쇄잉크가 등장하여 그것으로 인쇄하면 효과 만점이라고 한다. 언젠가 Z주간지, 장미꽃 그림이 담긴 표지에 '이 꽃은 장미꽃 향기가 난다.'고 적혀 있었다. 적혀 있지 않아도 그 주간지가 있는 곳에는 향기로운 냄새가 나서 제법 관심을 끌었다.

이 잉크도 훨씬 값만 싸진다면 상당히 널리 이용될 것이다.

미국의 어느 화재보험회사가 수취인광고를 냈을 때, 광고 통신을 눌려서 우송했더니, 수취인이 봉합을 뜯자 탄 냄새 때문에 화재를 연상하여 효과가 있었다고 한다.

이처럼 냄새를 중심으로 한 상품이나, 광고는, 「종류와 방법」에 따라 얼마든지 묘안이 나온다.

인간 생활과 색은 뗄 수 없는 관계가 있다.

"좋은 색은 약이다."

라는 말이 있다.

인간 생활과 색은 뗄 수 없는 관계가 있다.

유아복은 자극성 원색이 좋지 않다고도 한다.

뚱뚱이는 찬 색이 좋고, 홀쭉이는 따뜻한 색이 좋다는 말도 귀담아 들을만 하다.

빤스는 하양색으로 못박혀 있었다. 그러나 H씨는 연분홍빤스를 만들어 가게 앞에 늘어놓았더니 뜻밖에도 잘 팔렸다. 그래서 연보라빤스를 만들어도 잘 팔렸다. 이 색, 저 색 생각하여 일곱 가지 색의 것도 내보았다. 그래서 「7색 빤스」라고 하여 팔았더니 이것이 또 대성공이었다.

럭스비누는 분홍, 노랑, 초록, 파랑의 4가지 색으로 유명하다.

각설탕에 색을 넣으니까 잘 팔린다.

포드의 자동차는 형이 다른 것이 7종인데, 색은 170종이나 되며 검정색 자동차는 해마다 매상이 떨어져가고 있다. 이렇게 생각해보면 지금까지 하양 일색으로 정해진 것 또는 검정이 상식처럼 되어 있는 생각을 깨버리고 여러 가지의 색을 시험해 보는 것도 중요한 일이다. 심리학에 따르면 대중이라고 하는 것은, 일반적으로 노랑, 하양, 빨강, 귤색, 초록, 파랑, 자주, 검정의 차례로 그 색을 좋아한다고 한다. 그러나 이것은 어디까지나 일반론이며, 남녀, 노소연령이나 성별은 물론 그 상품의 종류에 따라 크게 달라진다.

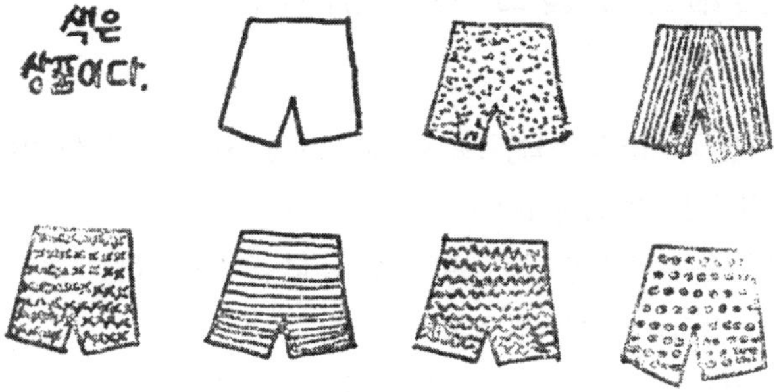

이것을 찾아내는 곳에 아이디어의 재미도 있다.

어떤 색이 어떤 영향을 주는 가를 조사한 미국 콜롬비아대학의 색채심리학의 워러박사는, 그의 실험 결과를 발표했다. 10m 사방의 방에 빨강 일색으로 하여 많은 사람을 넣어 그 방의 크기를 질문했더니 많은 사람이 2할 크게 말했다. 다음에 방을 파랑으로 질문했더니 거꾸로 2할 작게 말했다. 「상품을 실물보다 크게 보이게 하는 것은 큰 득이다」. 아파트의 주부들은 손님에게 넓은 느낌을 주고자 한다면 장막의 색을 무엇으로 할 것인가를 생각할 필요가 있다.

그리고 색은 크기만에 영향을 주는 것은 아니다. 색은 온도를 나타내기도 한다. 배관 장치에서 더운 물의 손잡이는 빨강, 찬 물은 파랑색의 상품이 많이 팔리고 있다. 이처럼 우리가 신제품을 만들 때, 색채에 유의해야 할 일이다. 그것이 상업번영의 기본이 되는 일이 많기 때문이다. 특히 판매장의 진열은 대단히 중요하다.

발명은 조합의 기본정신이다.

「기능과 기능의 조합」으로 새로운 도구를 만드는 일은 발명에 있어서 기본이 되는 정석이다.

이것은 너무나 많아서 일일이 보기를 다 들 수가 없다.

㉮ 성냥갑과 고무줄의 조합.

성냥갑에 고무줄을 세로로 끼워두니까 성냥개비를 꺼낸 뒤에 자동적으로 닫힌다. 성냥갑의 가운데에 벤 자국을 내어두면 주머니에 넣어도 고무줄은 벗겨지지 않는다.

㉯ 전등과 드라이버의 조합.

요즘 팔리고 있는 전등달린 드라이버는 회중전등과 드라이버와의 조합이다. 전기의 휴즈를 고치자 할 때 어둠 속의 작업에 안성맞춤이다.

㉰ 청군모자와 백군모자의 조합.

체육 시간에 3인 1조가 되는 기마전을 했다. 청군은 28명, 백군은 26명이니 백군이 한 사람 모자라는데 청군, 백군 운동 모자가 각각 달라서 안타깝게도 청군에서 4명, 백군에서 2명이 쉬고 말았다. 여기에서 생각한 것이 한 쪽은 청색, 다른 쪽은 백색 겸용의 운동모자가 나왔다.

㉱ 거북이등 위에 토끼 앉힌 담배통.

탁자 위에 놋쇠로 만든 거북 담배통이 있었다. 마침 별주부전을 읽고 있던 S양은 토끼가 자라등에 올라타고 용궁으로 향하는 대목에서 문득,

"거북이등에 토끼를 한 마리 태운다면!"

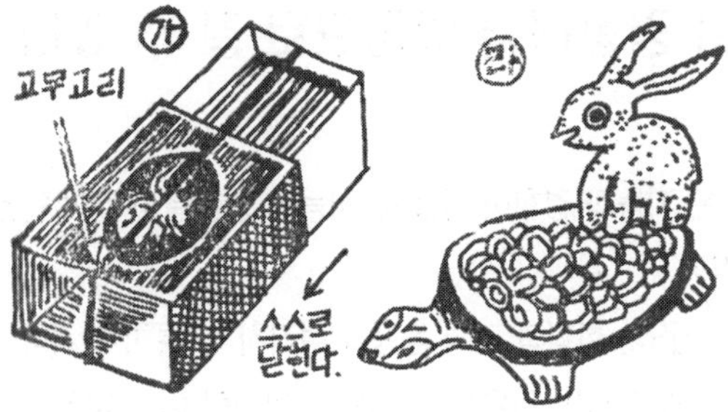

하고 생각했다. 이것이 시판되자 값이 종래것의 3배나 되는 1,500원인데도, 제품이 달려서 시설을 늘려야만 했다.

㉮ 동력선에 돛단 범동선.

동력선에 돛을 단 이른바 「범동선」이 자원파동을 극복하는 아이디어로 군산에서 인기를 모으고 있다.

군산어협은, 이것을 관내 전 어선에 장려하기 위해 10t짜리 동력선에 돛을 달고, 군산과 어청도 사이를 시험 운항했다. 그 결과 속력이 빨라졌고 연료도 절약되었다.

돛(묵은 것)과 동력(새 것)이 하나로 조합되니 새로운 효과를 내는 좋은 실례다.

유행만이 돌고 도는 것이 아니다. 눈을 똑 바로 뜨고, 사물을 자세히 관찰하면 묵은 것 속에서도 좋은 열매를 딸 수 있는 것이 발명인 것이다.

과거와 현재를 조합해 보는 일은 흥미롭고, 기발한 것이 될 수 있는 좋은 소재이기도 하다.

두려워말고 가까운 것끼리 조합해보자.

삶의 경험에서 발명으로 갈 수 있다.

"발명은 지능과 경험이 만들고, 지능과 경험은 훈련이 만든다."

고 한다.

발명은 물리, 화학과 그의 응용과 생각하기, 특히 전기나 기계에 대한 공학상의 지식이 필요하다. 발명은 이처럼 이런 지식과 경험이 부족하면 곤란하다. 더욱 중요한 것은 「공작력」이다. 이것이 없으면 발명의 결말을 잘 매듭짓지 못한다.

어린이들은 움직이는 장난감을 주면 그것과 노는 흥미와 함께 그 장난감의 내용을 알고 싶어 한다. 많은 경우 노는 흥미를 한번 맛보면 그것을 뜯어서 알맹이를 보고 싶어 한다. 그럴 때 구미의 부모들은 아이들이 장난감을 뜯는 것에 그리 간섭하지 않는다. 간섭하지 않을 뿐 아니라 도리어 함께 거들어서 잘 분해해 주려고 한다.

그래서 아이들과 함께 알맹이를 알아보고 끝나면 다시 아이들의 앞에서 그것을 원상대로 조립해 주는 성의를 가지고 있다.

그러나 우리나라 부모들은 이제 갓 사준 장난감을 아이들이 부수기나 할라치면 폭발적으로 꾸짖고 만다.

이와 같은 풍토여서 우리나라는 구미인에 비해 어른이 되어도 특히 기계의 지식이라면 도무지 모른다.

그러나 요사이는 어린이들의 공작력이 차츰 나아져서 비행기의 모형 만들기나, 라디오 수신기의 조립같은 것에 흥미를 갖게 되어 발명에 필요한 기술상의 지식도 차츰 나아지고 있다. 여기에 부모들의 좋은 이해만 덧붙인다면 우리 겨레는 원래 뛰어난 두뇌이기에 장래에

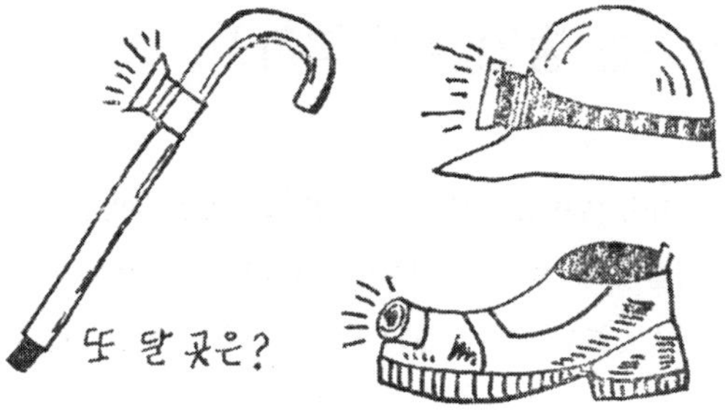

희망을 크게 걸어도 좋으리라.

현재 아무리 좋은 발명을 하고 싶어도, 우선 「머리의 준비」와 「경험의 정도」에 따르는 것이므로, 처음에 손대는 것은, 될수록 어려운 것을 피하고 아주 쉽고, 간단한 것으로 하는 것이 좋다.

손쉬운 것으로 「꼬마전구 달 곳 찾기」를 한번 해보기로 하자.

"전구는 어둠을 밝히는 것이다."

라는 원리만 아는 사람이라면 누구나 「할아버지 지팡이」에도 달아보고, 「모자」 앞에도 「운동화」 코에도 「안경대」에도 「드라이버」에도 「볼펜」에도 이렇게 손에 잡히는 것부터 찾아내어 달아본다. 이런 활동이 바로 발명이며, 아이디어라는 사실을 잊지 말자.

콜롬부스의 달걀이라면 달걀의 밑을 두들기는 방법을 생각하자.

창조는 이미 있는 소재(물심양면의 말, 자료, 정보, 기능, 정리, 법칙...)를 새롭게 가치있게 조합하는 것이다."

라고 한다. 「창조활동」, 「발명」아이디어라고 하면 처음부터 「겁」을 먹거나 아예 「생각」조차 하기 싫어하는 수가 많다.

그러나 알고 보면 「콜롬부스의 달걀같은 것」이다.

우선 활을 하나 생각해보자.

「활=나무+끈」이라는 공식으로 적을 수 있다.

"활은 나무와 끈을 조합한 것이다."

라고 할 수 없을까? 활은 이미 2만 년 전에 원시인들이 동굴에 남긴 벽화에서 볼 수 있다. 이것은 철포가 보급되기까지 굉장히 유력한 무기로서 몇 만 년 동안 사용되었다.

이집트의 스핑크스같이 알기 쉬운 것도 있다.

「스핑크스=사람의 얼굴+사자의 몸」

모든 생물보다 뛰어난 「인간의 지혜」와 백수의 왕인 「사자의 힘」을 조합해서 이집트 왕의 무덤에 문지기로 삼고자한 것을 한 눈에 알 수 있다.

가까운 곳에서 몇 가지 찾아본다면

연필에 지우개를 조합한 「지우개 붙인 연필」

파랑색과 빨강색을 조합한 「청홍색 연필」

같은 새생각은 모두 이미 있었던 것(소재)을 조합하여서 새로운 가치를 안겨준다.

"참으로 훌륭한 아이디어다!"

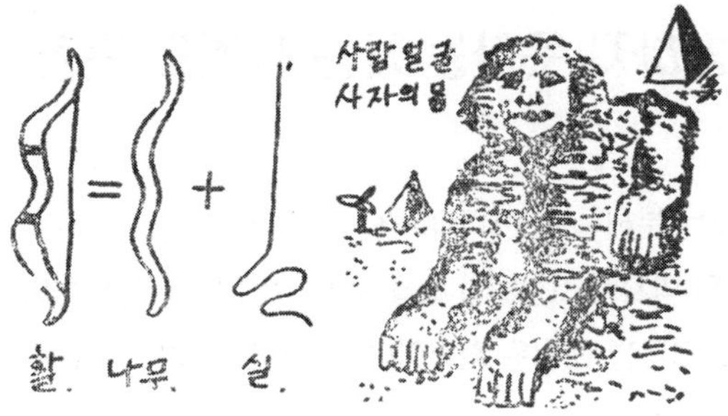

하고 당신이 감동했던 것도 그 아이디어의 요소를 하나하나 「분석」 해보면,

"이것은 나로서는 엄두도 못내겠는데!"

하는 것은 없다. 도리어,

"뭐 이런 것이라면 나도 할 수 있다."

고 할만큼 쉽게 생각되는 것이 창조이기도 하다.

창조란 '새롭다'는 말로 바꿔 말할 수 있다. '새롭다'는 말 속에는 반드시 가치성이 앞서야만 한다.

「콤롬부스의 달걀」이라면 「달걀의 밑을 두들기는 방법을 생각해내는 일」이다.

"이것을 어떻게 생각하면 풀 수 있을까?"

에 대해서 미국의 유명한 선전가이며 아이디어의 대가인 제임스 양 그의 말을 빌린다면,

"새로운 조합을 만들어내는 재능은 사물의 관련성을 찾아내는 솜씨에 따라 높여진다."

아이디어는 「재료와 재료와의 사이의 관련성」에 눈을 돌려 「새로운 질서와 순서」를 생각해내면 된다.

모방하지 못하는 자는 창조도 못한다.

「연구는 분해하는 것」이라고 할 수 있다.

인간의 역사는 조상들의 업을 모방하는 것으로 발달하여 왔다고 하겠다. 그렇다면 모방은 흉내이며 「흉내내는 것은 배우는 것」이라고 할 수 있으리라.

상품의 세계에서는 모방은 기업가들에게 성공(이익)을 가져다준다. 그러나 단순한 '원숭이 흉내'는 발전성이 없는 되풀이에 지나지 않으므로, 권할만하지도 않아서 평가될 가치조차 없으나, 모방이 성공하는 데는 거기에 무엇인가 더하는데 새로운 가치가 있는 것이다.

"모방하지 못하는 자는 창조도 못한다."

는 말에서 모방의 참뜻을 다시 한 번 명심하자.

「모방은 결코 경멸이나 비웃음의 대상」이 아니다. 그보다는 도리어 실물에 가까워지려는 노력은,

"왜 가까워질 수 없는가? 어떻게 앞질렀는가?"

라는 의문을 내부에 지니고 있는 한 무엇인가 새로운 독자적인 것을 만들어 낼 수 있다.

'마네'란 말은 일본말로 '모방'이란 뜻으로서 '마쓰시다'라는 기업이 남의 흉내를 잘 낸다는 것을 비유한 말에 '마네시다'란 별명이 붙고 말았다.

마쓰시다라면 쌍소켓트로 일어선 회사로 오늘날 일본 최대의 기업으로 군림하고 있으며 발명을 맡고 있는 개발부에는 선거원이 1000명, 박사만도 100명이나 되는 세계적인 기업이지만 내용을 잘 알고

보면 천재적인 모방에서 얻어진 기업이라 하겠다. 좀 더 자세히 캐고 보면,

"마쓰시다사, 전기의 「신제품 개발부」라는 곳은 「분해부」다. 남의 회사의 신제품을 분해하여, 그것을 어떻게 개조하여 자기 회사의 신제품으로 할 것인가를 연구하고 있을 뿐이다."

라는 혹평이 있을 정도다.

오늘날 일본을 자유세계에서 미국 다음이요, 서독을 앞지른 경제대국으로 만든 것도 따지고 보면 '모방의 천재'인 일본인의 얄미우리만큼 약삭빠른 모방의 소산이라 하겠다.

"어느 날 미국이 ○○○을 발명했다."

고 했더니 쏘련은,

"우리는 한 달 전에 만들었다."

고 허위 선전을 했다. 그러자 한 달 뒤에 일본은,

"우리가 만든 ○○○을 사시오!"

하면서 미국상품을 모방하여 앞지른 일본의 신제품이 미국시장에 상륙했다는 우스개가 있다. 그저 웃어넘길 수 없는 심각한 이야기가 아닐까?

발명과 실용신안의 차이

특허는 대발명이고 실용신안은 소발명이라고 하기도 하고, 정도가 높은 발명이 특허, 정도가 낮은 발명을 실용신안이라고도 한다. 그래서 출원을 특허로 할까? 실용신안으로 할까? 하며 망설일 때가 있다. 이럴 때는 특허로 출원했다가 거절당하면 실용신안으로 고치면 된다.

실용신안은 물품의 모양이나 구조와 조합에 대한 것만 권리가 주어지니까 그 창작의 정도가 낮은 것이며, 그 밖의 경우는 특허로 보면 된다. 그러니까 모양이라도 신규로 그 효과가 뛰어난 것은 특허를 받을 수 있다.

「발명이란 인류가 바라면서 얻지 못한 것을 일정한 기술에 따른 자연의 원리를 이용하여 그 욕망을 만족시키는 기술적 사상 중에 고도의 것」을 이름이다. 결국 발명이란,

"지금까지 없었던 것을 처음 만들어 낸다."

는 말로 쉽게 고칠 수 있다.

가령 물체가 빠르게 회전하면 원심력이 생긴다. 이 것을 처음 찾아내면 「발견」이며, 이것을 이용하여 원심력 탈수기를 만들어내면 「발명」을 했다고 한다.

전류의 작용을 이용하여 전등을 만들었다던가, 발동기를 생각한 것은 모두 발명이다. 그러나 다음과 같은 것은 발명이라고 할 수 없다.

1. 유리제의 그릇을 플라스틱으로 만든 경우. (다만 재료의 바꾸기)
2. 세탁솔과 비슷하게 만들어, 의복의 옷솔로 사용한 경우. (다만 용도의 변경)

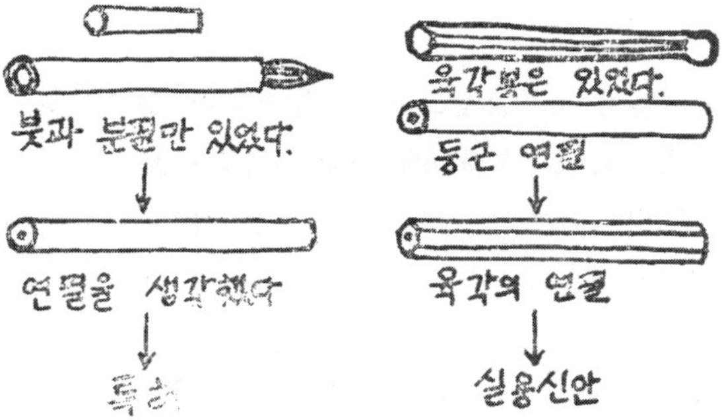
붓과 분필만 있었다.
연필을 생각했다
특허
육각봉은 있었다.
둥근 연필
육각의 연필
실용신안

3. 지금까지 피대로 힘을 전하던 것을 체인을 이용한 경우. (보통의 설계)
4. 칼이나 송곳 가위 등 소위 일곱 가지 도구를 한 상자에 담아 편리하게 한 경우. (다만 수집한 것) 등은 지금까지 없었으니까, 특허되리라 생각하기 쉬우나 이것은 발명력이 있다고 볼 수 없기 때문에 특허도 실용신안도 안 된다. 더욱이 「음식물·기호물」 「의약 또는 그 조합(혼합법)」 「화학방법에 의하여 제조되는 물질」은 특허받을 수 없다. 그러나 그 제조방법은 특허가 된다. 가령 유산은 특허되지 않으나 그 제조법의 발명은 특허가 된다.

   나일론, 페니실린 등은 모두 「제조방법의 특허」다.

다음에 같은 발명을 두 사람이 동시에 출원한 경우 출원일이 하루라도 빠르면 이기게 된다. 지방에서 서류로 낼 경우는, 우체국의 일부인을 분명하게 해두면 그것이 「출원일」이 되는 것이다.

발명특허가 되는 방법을 암시

일본전지사는 전지를 만드는데, 독일이 납가루를 사용하고 있다는 것을 알았으나, 그 가루를 어떻게 만드는지 몰랐다.

일본전지는 그 납가루 만드는 방법을 알고자 Y기사를 독일에 파견했다. 그러던 어느 날 Y기사에게서 전보가 왔다. 그 전문에는,

"납가루 비밀 살 수 있음. 4억 엔 보내기 바람."

이 전보를 놓고 중역회의를 열었다. 여러 중역들은 '사들여야 한다.'는 중론이었다. 그러나 S씨는 반대하며 이렇게 뇌까렸다.

"그까짓것 납가루 만드는 법을 4억 엔이나 내다니 너무 하다. 내가 발명하겠다."

그 후 그는 연구에 몰두했다. 그는 겨우 국민학교에 2년 밖에 못 다녔다. 학문적인 이론이 아니라 「강한 의욕과 실행력」뿐이었다.

그는 돌가루 만드는 기계로 납덩이를 찧었다. 그러나 납은 물러서 떡처럼 찐득거려 가루가 잘 안됐다. 친구인 U박사가 옆에서 보다가 어이가 없어서,

"그것은 무릴세, 납을 가루로 만들려면 화학적으로 산화시키는 도리 밖에 없네."

라고 가르쳐 주었다. 그러나 그는 방법이야 어떻든 「끝장을 보는 성미」여서 연 사흘동안 찧었다. 물론 결과는 뻔하였다. 그러나 자세히 보니 흰가루가 생겨난 것을 발견했다. 그것을 긁어모아 U박사에게 보였더니, U박사도 놀랐다.

"이것은 틀림없는 산화연이다. 납을 찧을 때 마찰에서 열을 얻어,

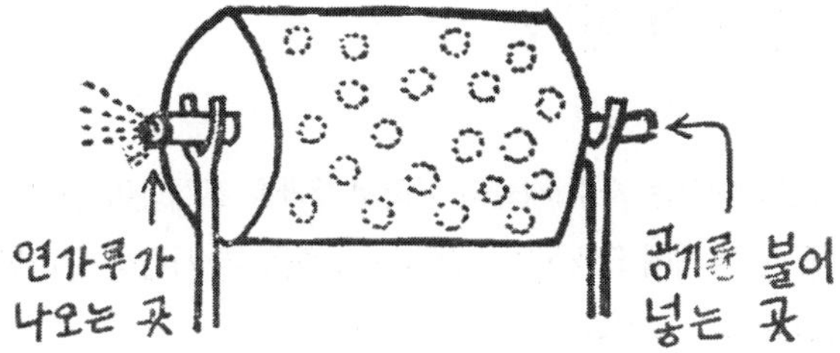

그것이 공기 속의 산소와 화합하여 가루가 된 것이다. 그러나 너무 적어."

그러자 끈덕진 S씨는,

"마찰열, 공기 속의 산소와 화합."

이 두 가지를 머리에 넣고 집으로 달렸다.

"마찰에 의한 열을 어떻게 늘릴 수 있을까?"

그는 자나깨나 그 생각뿐이었다. 그러던 중 드럼통에 납덩어리를 넣어 흔들었더니 납덩어리가 서로 부딪혀서 200℃가량의 열이 생겼다. 그리고 납가루도 제법 늘어났다. 그러나 그 양에 만족할 수는 없었다. 그래서 다시 많은 공기를 넣고자 공기를 불어넣을 수 있는 장치를 만들어 붙였다. 이것으로 납가루가 처음보다 18배나 많아졌다.

이것이 세계적인 대발명으로 세계의 물리학자들을 놀라게 했다. 그는 세계 각국의 특허를 받았다. 독일에서 사들이려고 한 것은, 드럼통에 넣어 돌리는 방법이며, S씨의 제 1단계의 방법과 같은 것으로 능률이 좋지 못한 것과 같은 것이었다.

성공을 위해서는 모든 사업으로부터 존경을 받아야 한다.

주물공장에서는 자주 저울에 달아서 무게를 조절해야 한다. P철도공장에서는 1개에 50kg이상 나가는 철관을 두 사람씩 달라붙어 하루 종일 올렸다 내렸다 한다. 그런데 U기사가,

"저울의 대면을 지면과 같게 메우자."

고 제안했다. 그 후부터는,

"혼자서 슬슬 밀어서 달고 내린다."

는 편한 작업으로 바뀌었다.

용해한 비누액을 2m×1m의 용기를 바닥에 늘어놓고 그 안에 흘려 넣어 반응고의 상태가 되면 선반에 옮겨 굳히고 있었다. 이 방법으로는,

1. 자리를 많이 차지한다.
2. 무거운 용기를 선반에 옮기는데 힘이 든다.

그래서 ㉯처럼,

1. 처음에 빈 용기를 선반에 끼운다.
2. 용해된 비누액을 기중기에 달아 가자 위의 용기에 붓는다.
3. 그릇에 90%쯤 들어가면 잘린 곳에서 넘쳐 나와 다음 단의 용기에 들어간다.
4. 둘째 번의 용기에 90%쯤 들어가면, 셋째 번의 그릇에 들어간다.

이와 같은 차례로 들어가서,

"첫째 번의 용기에 붓는 것만으로 7단의 용기에 모두 채우게 된다."

그래서 넓은 장소라든가 운반이 없어지고 작업은 훨씬 능률화되었

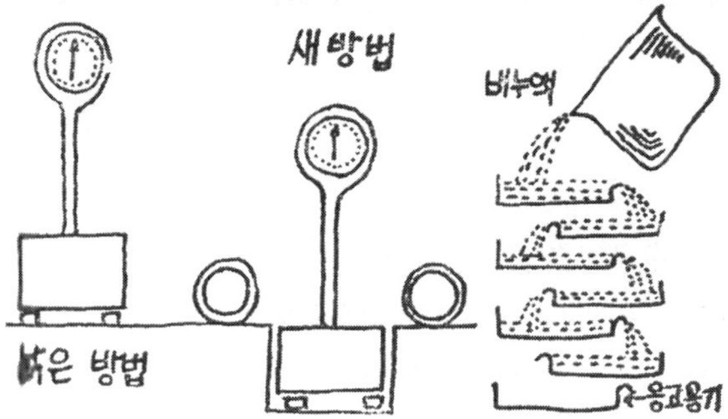

다. 이것은 지금까지 「수평적」으로 한 작업을, 「수직적」인 방법으로 고친 것이라고 하겠다. 넓이에서 부피로 생각을 돌린 것이다.

월수 4만원의 점원은, 한 달에 25일 출근으로 치면 하루의 수입은 1,600원, 반 시간에는 천 원꼴이 된다. 결국 반 시간동안에 5백원의 상품을 판매하면 2할 싸게 판 셈이 된다. 이 사람이 두 시간 반에 상품을 팔았다면 거저 준거나 다름없다. 바야흐로 「시간은 돈이다」의 본보기다.

현대는 「눈이 돌아갈 정도로 바쁜 세상」으로 1분 1초라도 함부로 할 수 없다. 판매원이란,

"다만 상품을 파는 것만이 아니라, 어떻게 짧은 시간안에 팔 수 있는가에 관심을 두어야 한다."

"경쟁자를 이기려면 우선 시간을 아껴 써라."

는 말을 먼저 생각해야 한다. 하기만 하면 된다는 생각만으로는 모자란다. 바르게, 빠르게, 편하게 해야 한다.

발명가는 일반인보다 피나는 노력이 필요하다.

"또 다른 데에 쓸 곳은 없을까?"

이와 같은 질문을 친구나 사원에게 하거나 자기 자신에게 하여 잠깐동안에 위대한 발명을 낳기도 한다. 그 가장 좋은 본보기는 지퍼의 발명이다.

"구두 끈 매기가 귀찮다."

는 이유로 미국의 제트슨이 발명하여 시카고의 박라회에 출품한 것은 1893년이다.

구경꾼 속에 워카라는 육군중령이 뛰어들어 돈을 대겠다고 했다. 그러나 그것을 대중이 쓸 수 있도록 값싸게 하는데는 자동적으로 만들어지는 기계를 발명해야 한다. 그것은 좀처럼 되지 않았다. 워카는 그 기계를 발명하는데 19년동안 혈안이 됐다. 그동안 발명가인 제트슨은 도망치고, 웨스팅하우스의 기사를 고용하는데 막대한 돈이 들었다. 피나는 노력 끝에 겨우 성공, 그러나 이번에는 사쓰는 사람이 없다. 할 수 없이 손해를 보면서도 값을 내렸으나 그래도 안팔렸다.

그런데 부르클린의 양복점에서 이 희귀한 지퍼를 보고,

"이 지퍼를 전대의 주둥이에 붙인다면!"

하고 붙여보았다. 이것이 대성공, 발명가는 손해를 보는데, 이 양복점은 갑자기 부르클린 제일의 부자가 되고, 다시 해군복에 붙여서 군대에 팔아 또 대성공, 발명가가 19년 동안 피나는 고난을 겪었는데,

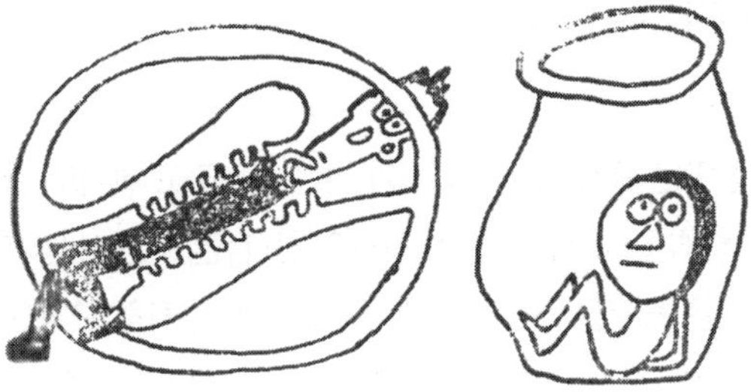

이 양복점 주인은 이 암시를 잡아 실행하는데 겨우 2시간 밖에 안 걸렸다.

1921년 굿드리치사는 이 지퍼를 잠바에 붙였더니 또 대성공, 지퍼의 이름은 전미국에 알려졌다. 덕택에 굿드리치사는 잠깐 동안 유명회사가 됐다.

1930년에 불란서의 디자이너 S부인이 지퍼를 부인용 예복에 붙여 대성공했다. 이처럼 지퍼는 모든 곳에 쓰게 되었다. 이렇게 신용도를 발견한 사람은 모두 잠깐 동안에 대성공을 거두었다.

발명가도 이와 같은 신용도 발견자에 의해 구출되었던 것이다.

"그렇지만 벌써 지퍼는 모든 곳에 쓰이고 있으니 이제부터의 신용도 찾기는 어렵다."

고 하는 사람이라면 발명초기에도 지퍼를 사용할 능력이 없는 사람이다. 날마다 몇 만의 신제품이 쏟아져 나온다. 그것과 지퍼를 조합하면 또 새로운 상품이 태어날 것이다. 최근에 나일론같은 합성수지가 홍수처럼 쏟아지는데, 신용도 발견은 당신을 「일약 거부」로, 사양길에 허덕이는 중소기업을 「하루 아침에 대기업」으로 소생시켜 줄 것이다.

실신용신안은?

실용신안은 특허보다 그 정도가 낮은 것이라고 하기도 한다.

「자연법칙을 이용한 기술적 사상의 창작」인 것은 사실이다. 그러나 실용신안은 물건을 만든다거나 처리하는 방법처럼 모양으로 나타낼 수 없는 것은 다루지 않는다. 그러니까 실용신안은 반드시 어떤 모양으로 나타내야 한다.

실용신안에서 물품이란,

“반드시 단독으로 거래되는 물체이어야 한다.”

따라서 물의 원료에 불과한 것이나, 부동산과 같은 것 또는 기체나 액체와 같은 것은 물품이라 할 수 없다.

예술품이나 골동품은 모양을 갖춘 물품이며, 또 단독으로 거래될 수 있으나, 실용신안의 물품으로 생각하지 않는다. 실용신안의 물품은 반드시 산업상에 이용될 수 있는 것이어야 하기 때문이다.

보는 것, 듣는 것, 모두가 실용신안의 씨앗이다.

연필의 한 쪽 끝에 지우개를 붙인 연필은 실용신안의 대표적인 것의 하나다. 연필도 지우개도 이미 있었다. 이것을 조합시키므로 지금까지 잘못 쓴 글씨를 지우고 싶을 때, 지우개를 찾아야 하는 불편을 없앴다. 그러니까 특허처럼 물품을 발명한 것은 아니고 「연필과 지우개를 합친 것」에 지나지 않는다.

처음에 만든 연필은 둥근 축이었다. 잘 굴러가서 고정시키기가 불편했다. 이것을 6각의 연필로 모나게 고쳐 구르는 불편을 없앴다. 이것을 「개량발명」이라고 한다. 이것도 지금까지 있었던 「둥근 연필을

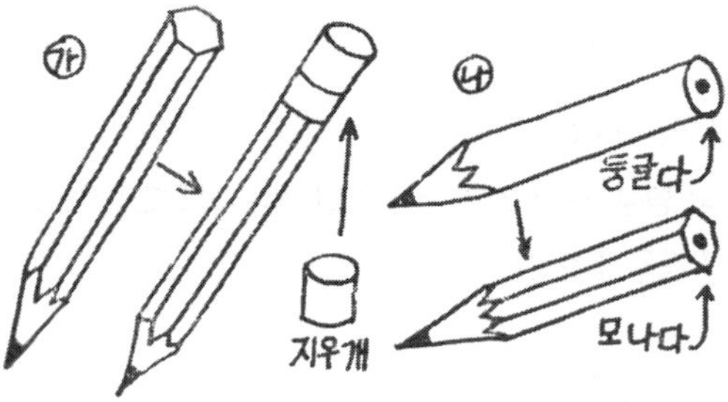

다만 모나게 고쳤을 뿐」이다. 그러나 비록 조그만 개량일지라도 대단한 효과를 가져다 준다.

미국에서 롤러스케이트를 고안한 사람은 그 특허료로 백만 달러나 받았다.

쇠못이 불편하여 나무못을 고안한 사람은 해마다 50만 달러씩 이익을 올렸다.

구두끈 매기가 귀찮았던 게름뱅이가 단추대신 쓰이는 갈고리 모양의 쇠고리인 호크를 고안한 실용신안의 권리를 60만 달러에 팔았다.

특허법에서 발명이라 함은,

"자연법칙을 이용한 기술적 창작의 고도한 것."

이라고 되어 있다.

실용신안에서 「고안」이라는 것은,

"신규의 고안(소발명)."

이라고 되어 있으며 실용신안과 발명은 비슷하나 질적 차이뿐이며, 실용신안의 권리기간은 10년이다.

의장 디자인이란!

의장(디자인)이란,

"물품의 형상, 모양, 색채따위를 말하며, 이것으로 사람들에게 아름다움과 기쁨을 주는 것."

이라고 한다.

㉮의 모난 만년필을 ㉯의 미끈한 유선형으로 하여 아름답게 한 것이니까 의장이 된다.

의장이란 물품에만 권리가 주어진다. 그러니까 물품은 형체가 있어야 한다.

의장으로 세계의 돈을 벌어들인 것으로는 정말의 호이젠은 「긴 손 원숭이」를 나무로 만들었다. 그 모양이 매우 좋아서 그것이 세계에 팔려 나갔다. 놀랍게도 완구관계자나 의장 관계자는 누구나 모르는 이가 없을 정도로 유명하다. 미국에서는 이 원숭이 한 마리가 9달러로 날개 돋친 듯 잘 팔렸다. 따라서 호이젠은 원숭이의 의장만으로도 세계의 돈을 긁어들였다.

여러 나라에서도 여러 가지 원숭이가 만들어지고 있으나 의장이 좋지 않아 그 값은 같은 크기라도 1달러하는 것도 없다.

얼마나 의장이 중요한 가를 알 수 있다.

디즈니의 인형그림을 넣으면 무엇이든 잘 팔린다. 이것은 디즈니의 만화의 의장이 좋기 때문이다.

의장은 공업소유권으로 특허국에서 8년 동안 권리를 보호해 주고 있다.

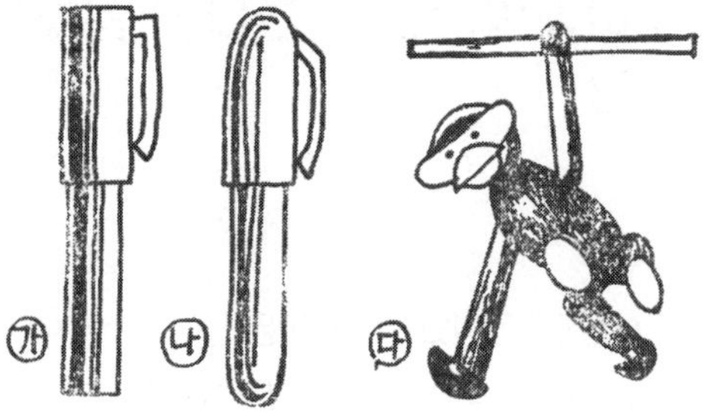

요사이 라디오나 만년필이나 「화장품에서 기관차까지」 모양이 좋은 것이 아니면 안 팔리기 때문에 회사마다 다투어 의장에 전력을 기울이고 있다. 부엌살림까지도 실용적인 것보다 우선 아름다운 것이 아니면 팔리지 않는다.

아름다움을 사랑하는 것은 인간의 본능이다.

피카소의 그림이 한 장에 몇 천만 원하는 것은, 인간이 얼마나 아름다움을 찾고 있는가를 실증해 주는 좋은 증거이다. 아름다움을 위해서는 인간은 돈을 아끼지 않는다.

남녀관계 역시 그렇다. 남자나 여자나 아름다운 사람을 보면 갈피를 잡지 못해 일생을 그르치는 일들이 얼마든지 있다.

"교양도 건강도 같다면 미인 쪽이 좋다."

라는 말은 당연하며, 대개의 경우 다소의 결점이 있더라도 미인이 좋아지는 것은 어쩔 수 없다.

"같은 값이면 다홍치마."

라는 말처럼 우리나라 산업계의 기업가들도, 그 미를 독점하려고 의장출원에 차츰 관심이 높아지고 있는 것은 다행스러운 일이다.

발명특허개발자는 거듭나는 실패에서 성공한다.

54살까지 보험권유원이었던 워트만은,

"아마도 죽을 때까지 부자가 될 수 없으리라."

고 생각하고 있었다.

그러던 어느 날, 모처럼 한 건의 계약이 이루어져서 싸인을 하려할 때 잉크가 뚝 떨어졌다.

그것이 불길하다고 계약이 깨져버리고 말았다.

당시의 펜촉은 ㉮와 같았기 때문에 잉크가 잘 떨어지곤 했다.

그는 너무 분했기에 잉크가 떨어지지 않는 펜을 만들려고 펜을 많이 사와서 가위와 줄로 이모저모 손질해서 ㉯처럼,

"가운데에 홈을 내고 구멍을 뚫은 펜."

으로 만들었다.

이것은 너무 잘 써졌기 때문에 곧 특허국에 출원했다. 가난한 그는 펜을 사와서 밤이 되면 아내와 함께 가위로 홈을 내고 줄로 구멍을 뚫어 그것을 친구의 문방구점에 진열해 보았다.

뜻밖에도 매상이 올라 반년쯤 지나자, 수입금이 그의 봉급보다 더 많아졌다. 특허가 내리자 그의 허가 없이는 누구도 만들어 팔 수 없게 되었으며 이것으로 한 의무원이 일약 세계의 만년필왕이 되었다.

지금은 파카라면 세계 제일의 만년필 회사지만 그 옛날에는 공작기계 한 대로 5~6명이 만년필대를 만들고 있었다. 파카는 항상 워트만

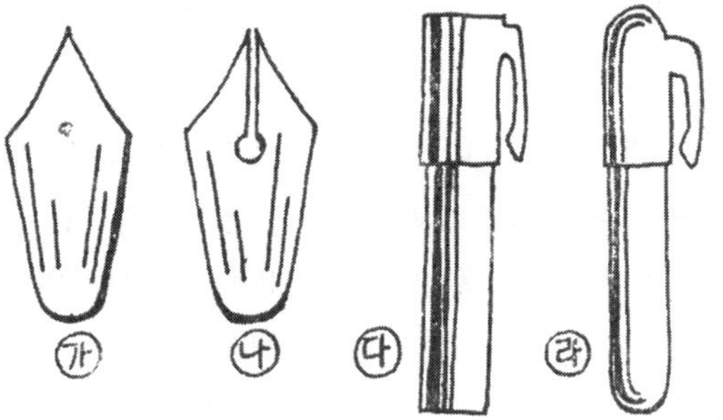

의 이야기를 듣고는 이것을 본받으려고 생각하고 있었다. 그 때는 비행기나 자동차나 모든 것을 「유선형」으로 만드는 것이 대유행이었다. 우선 처음으로 생각한 것이,

"유선형을 만년필에 써 보면 어떨까?"

하고 생각했다. 그 때의 만년필은 ㉰처럼 위 아래가 막대모양이었다. 이것을 ㉱처럼 가늘게, 끝을 둥글게 하여 의장으로 출원했다.

이것이 때를 만나, 오늘의 대기업으로 기초를 굳혔다. 발명광이었던 파카는 남이 모방할 수 없는 것을 만들어 공업소유권의 보호로 오늘의 놀라운 번영을 쌓아 올렸던 것이다.

지금까지는 발명을,

"구름위에 둥실 떠 있는 것."

"학력이 낮으면 엄두도 못내는 것."

으로만 생각해 왔다. 그러나 이것은 큰 잘못이다. 펜과 만년필에서 보았듯이, 발명이란 마음먹기에 따라서는 「초등학교 어린이라도 할 수 있는 것」으로, 이제 남은 길은 다만 「실천하는 것」뿐이다.

만년필 모양은 살짝 바꿔 만들 것 없을까?

「보다 크게」 또는 「보다 작게」 고쳐서 지금까지의 타성에 젖은 대중들의 눈을 열어주자는 상품이 많다. 그 뿐 아니라 기존 상품의 겉모양을 왼통 다른 상품과 똑같이 해서, 외모만 보아서는 얼핏 구별하기 어렵게 만들어 고객들에게 참신함을 맛보게도 한다.

㉮의 트란지스타 라디오와 같이 아무튼 현재의 전자공업에서는, 보다 작게 하기에 온갖 정성을 쏟고 있다. 전자제품에서 대형화는 시대에 역행하는 것이 상식처럼 되어 있다.

이처럼 소형화를 꽤함과 아울러, 형을 바꿔 보는 것 역시 대유행이다. 이 라디오도 만년필과 구별되는 곳은 단 한 곳, 뚜껑 위로 돋아난 이어폰 하나 뿐이다.

전자식 계산기는 점점 작아져서, 손바닥만한 크기로 만들어 휴대용으로 널리 보급되고 있다.

일본 H사는 최근 ㉯처럼 만년필형의 아주 작은 휴대용을 개발했다. 만년필에 플래시나 라이터를 넣던 식으로 전자계산 기능을 더한 것이다. 지금까지의 계산기는 숫자판을 손가락으로 누르던 것을 캐비네트처럼 회전스위치를 돌려 숫자를 맞춘 후 누름스위치 방식으로 해서 초소형화에 성공했다. 크기는 길이 15cm, 지름 1.5cm로 좀 큰 만년필만 하다. 펜 끝 부분에 보올펜을 달고, 고밀도 집적회로를 계산기구로 하고 전지 표시관을 넣었다. 만년필의 머리에 해당하는 부분에 회전스위치와 누름스위치를 넣었다.

연산은 1에서 0까지의 숫자와 +－×÷0 등의 기호를 회전스위치에

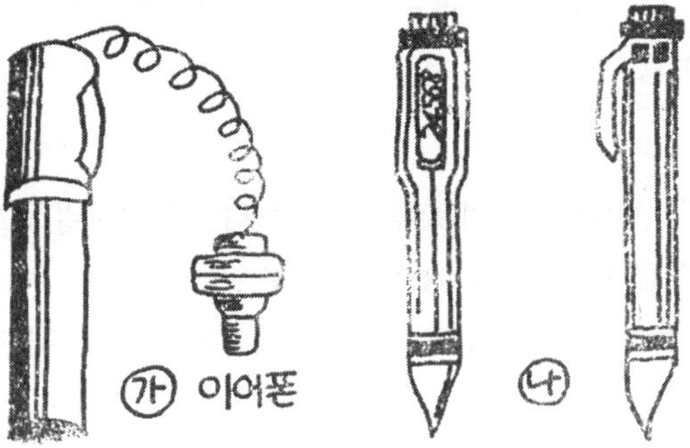

새기고, 이를 화살표에 맞춘 후 그때마다 스위치를 누르면 된다.

연산은 여덟 자리의 가감승제와 %, 평방근 계산까지 하며 성능은 보통 것과 다름없다. 표시판은 만년필의 크립으로 들여다보게 했고, 발광 다이오드로 8자리까지 표시할 수 있다. 전원은 작은 것 하나로 한 두 달은 쓸 수 있다.

이 계산기의 비결은 숫자판 대신 회전스위치에 숫자와 기호를 새긴 것이다.

초소형 계산기로는 현재 스위스에서 만든 시계형, 미국에서 만든 담배갑 크기의 제품들이 있으나, 숫자판의 크기 때문에 극소화에는 한계가 있었다.

어디 나도 당장 둘레에서, 손닿는 데서 골라잡아 작게 만들어 보기로 하자.

"만년필 모양을 본따서 만들 것은 없을까?"

한 번 눈을 크게 뜨고 둘레를 살펴 보자.

상표가 붙어 있으면 기업이 책임을 질 수 있다.

상표의 목적을 상표법(商標法)에서는 다음과 같이 말하고 있다.

제1조 (상표, 영업표(營業標)의 정의)

① 본법에서 상표라 함은 상품을 표시하는 것으로서 생산, 제조, 가공, 증명 또는 판매업자가 자기의 상품을 타업자의 상품과 식별시키기 위하여 사용하는 기호, 문자, 도형 또는 그 결합의 특별현저한 것을 말한다.

② 영업표라 함은 영업을 하는 자가 광고 포장물, 용기, 문방구, 기타 사무용품 등에 표시하는 것으로서 자기의 영업을 일반에게 식별시키기 위하여 사용하는 기호, 문자, 도형 또는 그 결합의 특별 현저한 것을 말한다.

③ 전항의 영업표에 대하여는 본법 중 상표에 관한 규정을 적용한다.

따라서 상표법의 모든 해석은 이상의 기준에 따라 생각하면 틀림없다.

그러니까 상표는 다음과 같은 일을 한다.

① 자기의 상품과 타인의 상품의 구별을 한다.

② 상표는 그 상품의 생산자와 판매자를 표시한다. 따라서, 그 상표를 보면, 이것은, 어디의 누가 만든 물품인가 곧 알 수 있다.

③ 상표는 상품의 신용을 나타낸다. 「신용표」 결국 상표를 가지고 있는 사람은, 그 상표에 신용을 붙이고자 끊임없이 제품을 개량

하여, 좋은 것으로 하기 때문이다.

그 밖에 상표는,

"이 상표가 붙어있으면 「책임」을 집니다."

라는 뜻이 되며, 또,

"이 상표가 붙어있는 상품은 「보증」합니다."

라는 뜻도 된다.

이와 같이 상표란 파는 쪽에서는 신용과 책임에 따라 상품이 자꾸만 팔리게 되며, 사는 쪽에서는, 부정 상품을 살 걱정이 없어지기 때문에 큰 도움이 된다.

상표는 사는 쪽에서도 중요한 것이기 때문에 타인의 상표를 침해한 경우에, 그 권리자가 고소하지 않더라도 처벌된다.

특허, 실용신안, 의장은 그 권리인이 고소하지 않으면 죄가 성립되지 않는다.

상표등록의 유효기간은 상표등록한 날로부터 10년간 유효하며, 단, 갱신등록의 출원에 의하여 다시 10년간식 갱신할 수 있다.

「상표는 기업의 얼굴」이며, 그 「성쇄를 좌우」 한다.

빛바랜 팜프렛이 발명의 빛을 보게 했다.

멘델은 자기 사원의 4평의 밭에 강낭콩을 심어 오랜 세월동안 고심 끝에 「유전의 법칙」을 발견했다. 그래서 그것을 팜플렛으 만들어 각국의 학자 앞으로 보냈다. 그러나 반응은 조금도 없었다.

그는 죽을 때까지 되풀이하여 그 법칙을 학계에 호소했으나 결국 인정되지 못했다. 그가 죽고 30년이 지나자 벌써 그의 이름은 가족들의 머릿속에서까지 사라지려 하고 있었다. 그런데 화란의 식물학자 드·프리스가 어느 날 고리 속을 정리하고 있으려니까 어디서 날아들었는지 좀이 먹어 빛바랜 팜플레트가 나왔다. 한 두장 드문드문 읽고 있는 동안에 그의 안색은 금시에 변해 갔다.

"이것은 대단한 것이 쓰여 있다. 천지가 뒤바뀔만한 대법칙이다."

라고, 그 팜플레트는 50년 전에 누구에게 보내진 멘텔의 것이었다. 만일 드·프리스가 이것을 찾아내지 않았더라면 멘델의 이름은 영원히 이 지구상에서 사라져 버렸으리라. 이런 것은 분명히 발견이 너무 앞섰기 때문에 생전에는 인정받지 못한 예이다. 그런데 발명가 속에는 이와 비슷한 사람이 대단히 많다. 이미 십 수년 전의 발명품으로 하나는 라디오의 바리콘을 돌리는 대신 제1의 단추를 누르면 KBS가 나오고, 제3의 단추를 누르면 MBC가 나오는 단추식으로 한 발명이다.

또 하나는 선전용 성냥으로 성냥개비를 쑥 뽑아내면 불이 붙는 것이다. 이 두 가지는 모두 좋은 것으로, 사방팔방으로 자본가와 그 길의 업자에게 부탁했다. 그러나 아무리 해도 이루어지지 않아서 하는

멘델이 썼던 현미경

완두콩

수 없이 손을 들어 특허국의 등록료 납부를 중지했다. 그리고 5년쯤 지나자 라디오는 이 단추식이 대단히 유행했다. 또 어떤 요정이나 다방에서도 축목식성냥이 대유행했다. 이것은 모두 4~5년 앞선 발명들이다.

이처럼 발명은 엉뚱하게 동떨어지거나, 또 너무 앞지른 것은 성공하지 못한다.

「적어도 한쪽 발은 상도를 밟고 있어야 한다」 이것은 성공의 철칙이다. 그 까닭은 대중은 너무 「지나친 변화」를 바라지 않기 때문이다.

대중이란 유행을 따르는 심리도 있으나 그 반면에, 습관을 깨는 것을 몹시 싫어하기 때문이다. 그래서 정말로 「조금만 나아간 발명」 습관을 깨지 않고 「살짝 변화를 더한 발명」이 사업으로는 받아들이기 쉬운 것이다. 「발명이란 대개의 경우 연속적이고 순서바른 과정」이라 하겠다.

독창은 모방에서 시작된다.

실용신안이나 발명같은 것 속에서 완전히 독창적인 것이란 셀 수 있을 정도에 지나지 않는다. 아무리 독창적인 아이디어라 할지라도, 우주와 자연의 법칙을 도외시하여 성립될 수 없기 때문에, 공지공인(公知公認)의 원칙, 수속, 기법(技法), 수단 등에 따르거나, 그것을 이용하게 되는 것이다. 그래서 독창은 모방에서 시작된다고 할 수 있다. 모방이라고 하면 곧 「파렴치한 인상」이 떠오른다. 분명히 「원숭이흉내」나 「특허권 침해」는 용서받을 수 없다. 그러나 독창적인 아이디어라든가 독창성이라는 것은, 이 세상의 지식과 기법에 대해 오랫동안의 수련을 쌓아야만 발휘되는 것이다.

음악의 성인 모짜르트의 청년기의 작곡에는 제법많이 그의 선각자며, 선배인 작곡가의 곡조와 흡사한 것이 많았다고 한다. 확실히 남의 악보를 옮긴 것은 아니겠지만, 선배들의 커다란 영향을 입은 것임은 틀림없다. 그러나 이것은 언뜻 보기엔 모방처럼 보이는 얼만가의 행위를 반복하는 동안에 본인도 못느끼는 사이에, 자연히 「본인만의 독창성」이 태어나는 것이다.

그래서 아이디어를 낳고 싶다고 생각할 때, 그 아이디어에 직접, 간접으로 관계되는 모든 관련된 통계나 정보자료를 모아야 한다. A안의 좋은 것을 조금, B안에서 뛰어난 곳을 약간, C안의 아이디어의 일부를 조금씩이라고 하는 것처럼, 여기저기에서 조금씩 아이디어를 빌려서, 그것을 하나하나 정리하여 결합하면, 그것으로도 훌륭히 독창적인 것이 태어나는 것이다.

자주 말하는 「원숭이 흉내는 금물」이다. 조금이라도 빌리는 것이라면 목적에 맞게 일부를 「개선」하여 결합의 소재로 삼아야 할 일이다. 이것에서 생각해 볼 때, 주간지의 편집에서도 같은 것을 볼 수 있다. 역사는 되풀이 한다고 하듯이 10년 전의 주간지의 토픽같은 것을 자주 재기획해보면, 그것이 뜻밖에 맞아들 때가 있다.

우리는 어떤 발명의 공로를 개인에게 주고싶어 한다. 왓트의 증기기관, 에디슨의 백열전등, 라이트형제의 비행기를 그들이 발명했다고 한다. 그들 천재의 훌륭한 공적에 찬사를 아껴서는 안되겠지만, 그러나 누구 하나도 혼자만으로 그 일을 성공시켰다고 볼 수 없는 것도 사실이다. 그들은 앞서 연구한 사람에 의해 개척되었던 최초의 자료 「기초적 아이디어」를 얻음으로써 비로소 그들의 놀라운 발전이나, 발명이 가능했던 것이다.

“칫솔” 어떻게 하면 피가 안나게 될까?

L칫솔회사에 근무하는 K씨는 어느 날 아침에 자기 회사의 나일론제 칫솔 ㉮를 쓰고 있었다. 그러자 잇몸에 피가 나며 따끔따끔 아팠다.

“아이 속상했 이놈의 칫솔!”

하고 내던지고 싶었다. 그때,

“참자, 속상하는 것이 돈이 된다더라.”

는 생각이 나서,

“어떻게 하면 피가 안나게 될까?”

하며 생각하기 시작했다. 그러자 여러 가지 아이디어가 떠올랐다. 칫솔을 더운 물에 담그니까 부드러워졌다. 다시 확대경으로 봤더니,

“그렇다. 모가 났으니 피가 날 수 밖에 털 끝을 둥글게 고쳐보자.”

고 ㉯처럼 고쳤으면 하고 제안함에 넣었다. 이것은 L사의 돈주머니가 됐고, 이 새생각으로 K씨는 뽑혀서 개발부로 영전됐다.

과수원의 소독을 하느라고 분무기로 살충제를 뿌렸더니 안개가 잘 퍼지지 않았다. 그래서 분무기 ㉰를 자세히 보았더니 구멍 뚫린 곳이 평면이어서 ㉱처럼 산모양으로 고쳐보았다. 이 고안은 효과 만점으로 대성공하여, 시골 농부의 간단한 아이디어로 큰 공장을 세우게 됐다. 이것을 본 N차량 공장의 M기사는,

“이것으로 차량의 도장을 할 수 없을까?”

하고 연구 중이며 이것이 잘 되면 농업용과 공업용에 쓰이게 되므로 그 판로는 훨씬 넓어질 것이다. 이 말을 들은 국내 제일의 분무기

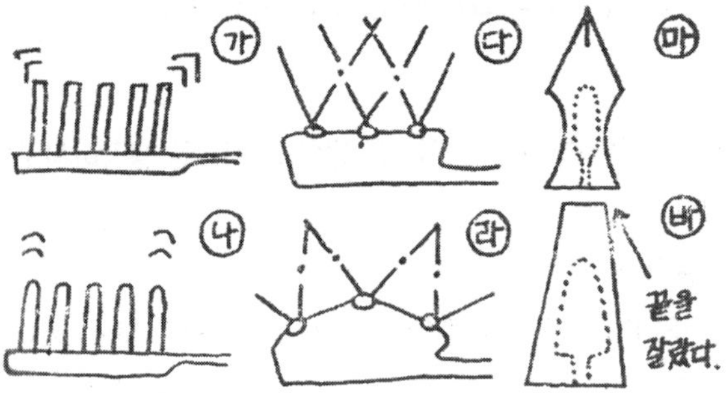

회사의 S사장은 이것을 꼭 자기 회사가 독점계약을 했으면 하고 이야기 해왔다.

지금까지 고래잡이는 ㉮처럼 끝이 뾰족한 첨두작살이 사용되었는데, 수중에 쏘면 똑바로 나가지 않고 평하며 물을 튀기며 고래를 뛰어넘어 고래에 맞는 확률이 적고 파도에 가로막혀, 고래까지 가는 동안에 속력이 줄어 가끔 놓쳐버린다. 그래서 어부들은 경험에 따라 물에 뛰어 오르지 않게 일부러 작살 끝을 둥글게 다듬고 있었다. 그것을 O박사가 평두작살 ㉯로 만들어 포경의 세계에서 유명한 것이 되었다.

만일 어부들이 특허를 알고 있었더라면 거액의 부가 그들에게 돌아갔을 것이다.

이 평두작살은 첨두작살처럼 수중에서 뛰어 나오지 않고 물속을 직선으로 대단히 빠르게 나간다. 얼핏 생각하기에는 끝이 뾰족한 편이 좋을 것 같으나 실제로는 끝이 둥근 편이 낫다.

부모의 사랑이 발명을 낳는다.

"부모를 생각하지 않는 자식은 많아도, 자식을 생각하지 않는 부모는 없다."

는 말이 있다.

일본의 K부부 맏딸이 태어나서 대단히 기뻤다. 어느 날 아기의 머리가 조금 비뚤어진 것에 정신이 번쩍 들었다. 곧 처가에 가서 물어보았더니,

"아기의 머리뼈는 연해서 한쪽으로만 눕히면 그 쪽이 우묵해져 찌그러진다."

는 것이다. 이 말을 들은 K씨,

"어떻게 하면 원상처럼 바르게 될까?"

하고 생각하는 동안에 베개가 나쁘다는 것을 알았다.

그래서,

"베개의 가운데를 낮추면 넓은 면적이 지탱하니까 우묵한 것이 적어지겠지."

하고 생각했다. 이것으로 퍽 좋아졌다. 그러나 역시 머리의 무게는 주로 중심에 걸린다. 그래서 좀 더 좋은 방법은 없을까 하고 좁혀가는 동안에,

"과자의 도너스처럼 중앙을 파내어 둥근 베개로 하면 어떨까?"

하고 생각했다. 또 만들어 아기에게 베어보니 참으로 안정이 좋았다. 서둘러 「도너스형 베개」라 이름붙여 자필로 원서를 써서 특허청에 우송했다. 이 베개를 N사가 채용, 한 개 팔리는데 5엔의 고안료가

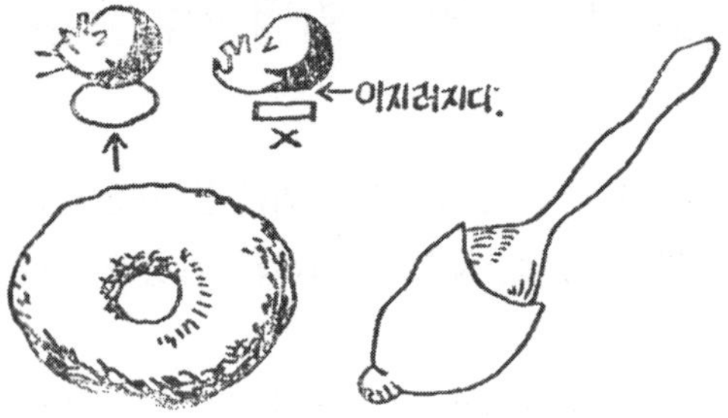

붙어 일 년 뒤, 화가 복이 된 고안료가 무려 170만 엔이 되어 돌아왔다. 그리고 허가가 나오자 다음 해에 N사가 350만 엔에 사주었다.

이렇게 모두 5백만 엔의 돈이 굴러 들어왔다.

기독교의 전도사 Z씨의 이야기다.

유럽 여행을 가고 싶은데 아무리해도 30만 원쯤 부족했다. 백방으로 궁리했으나 생각만으로는 돈이 마련되지 않았다.

그래서 「실천이 제일」이라 생각하고 발명서적을 읽어보았다. 그 속에서 암시를 받아 ㉯처럼 숟가락을 오목하게 하여, 그것에 덮개를 씌워서 숟가락 끝을 젖꼭지모양처럼 만들고 그 끝에 조그만 구멍을 뚫었다.

이 숟가락으로 우유를 떠서 아기에게 먹이는 것이다. 출원하자마자 B사에 가져갔더니, S사장이 그 자리에서 30만원에 사주었다.

덕택에 유럽 여행의 뜻이 이루어 졌다.

참으로 「꿈같은 것이 발명」이다.

생각을 돈으로 바꾸려면 발밑을 내려다보라. 문제는 그 곳에 우글거리고 있는 것이다. 사랑스러운 자녀들의 생활 속에도 소재는 얼마든지 많다.

애인이 얻은 안전핀 발명으로 돈을 벌었다.

1840년 이미 헤스타양과 연애 중이던 한트군은, 어느 날 감연히 그 여인의 아버지께 청혼을 했다. 그러나 보기 좋게 한 마디로 거절당했다.

"한트나 헤스타에겐 경제력이 없어, 이것은 두 사람에게 불행의 근원이 된다."

는 말과 함께, 그래서 한트는

"저는 돈을 벌 솜씨가 있습니다."

하고 주장했다. 그렇다면,

"열흘 안에 천 달러를 벌면 혼인을 승낙하겠다."

고 했다.

두 사람은 돈벌이를 생각했으나 좀처럼 묘안이 안생겨서 한트의 특기인 공작 솜씨를 살려서 돈벌이를 하기로 했다.

그 무렵 부활절에는 리본을 바늘핀으로 꽂고 있었다. 그러나 이것은 리본이 잘 떨어지는 결점이 있었다. 그것을 개량하려고 생각했다.

두 사람은 철사와 뻰찌를 가지고 이층에 틀어박혔다.

그런지 세 시간 만에 ㉮와 같은 안전핀을 만들어 냈다. '안전이라는 것은 리본이 안 떨어진다'는 뜻이다.

그는 특허출원을 마치자마자 그것을 가지고 리본점을 이리저리 뛰어다녔다. 겨우 십 여 집째의 리본점에서 천 달러에 사주었다.

그는 그 돈을 가지고 아버지를 찾아가 사연을 말했다. 그러자 헤스타의 아버지는 또 꾸중이었다.

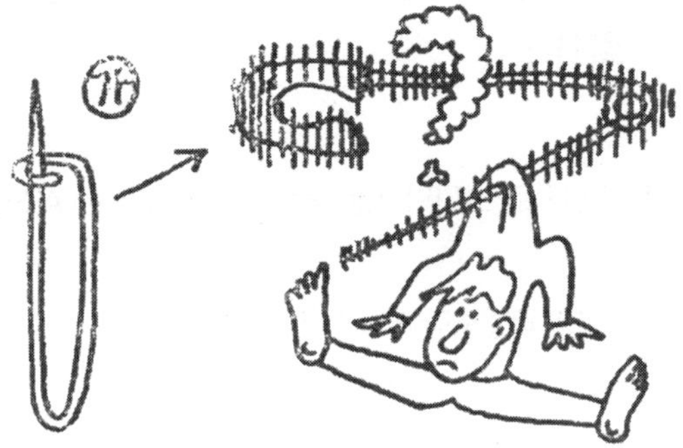

"어리석은 사람, 그러기에 자네에겐 경제적인 소질이 없단말이야. 이렇게 훌륭한 아이디어를 겨우 천 달러에 팔다니... 한 개 팔리는데 얼마의 특허료를 왜 약속하지 않았는가!"

하며 안타까워했다. 그러나 약속이니까 하는 수없이 딸과의 혼인을 허락했다. 이 발명은 전세계에 팔려서 그 권리를 사들인 리본점은 엄청나게 커졌다. 후일에 한트의 아버지는 자주 그들의 새보금자리에 들러서는

"만약 3%라도 권리료를 받고 있었더라면 엄청나게 큰 돈이 되었을 텐데... 아깝다. 아까워."

하고 안타까워했다고 한다.

그럴 때마다 그는 아버지으로 위로하면서,

"아버지 저에게는 3% 대신에 둘도 없는 보물인 헤스타를 아내로 얻었습니다. 3%의 권리료쯤 문제가 아닙니다."

라고 했다 한다. 이것은 이미 미국의 흘러간 옛이야기가 되어 있다.

발명가는 항상 연구하고 제품을 만들어 보는 일이다.

70년 전 가난으로 초민학교를 중퇴하여 점원이 된 A소년 평소에 궁리하기를 즐겼다.

"단면이 동그란 레일보다 4모가 더 좋겠다."

"철의 레일보다 놋쇠가 더 아름답고 질기겠다."

고 생각하기도 했다.

28세가 되자 주인의 철물점과 경쟁하는 것이 싫어서 제조업을 골라서 평소에 생각했던 레일의 신제품 개발에 열중했다.

차츰 건물이 양풍화되자 창은 직사광선이 닿는 곳에 붙이는 일이 많아졌다.

그러자 철의 덧문은 타는 듯하게 열이 나서 팽창하기 때문에, 자연히 굽어서 덧문이 움직이지 않을 때가 있어서 곤란했다. 드르릉거리는 소리가 시끄럽고, 비를 자주 맞아서 녹이 슬어서 여러 모로 결점이 많았다.

그래서 A씨 곧 비닐만으로 레일을 만들었다. 그러나 그것은 부드러워서 그리 마음에 들지 않았다. 다음에는 녹슬지 않게 도료를 발랐더니 이것도 바퀴가 지나가기 때문에 날이 가면 벗겨진다. 그래서 3번만에 생각한 것이 철의 레일에 두꺼운 비닐관을 씌우는 것이었다. 접착제를 쓰면 찰싹 들어붙어 하나가 된다. 매우 간단하면서도 놀라운 효과가 났다.

1. 비닐관이 두꺼워서 드르렁거리는 덧문의 시끄러운 소리가 안난다.

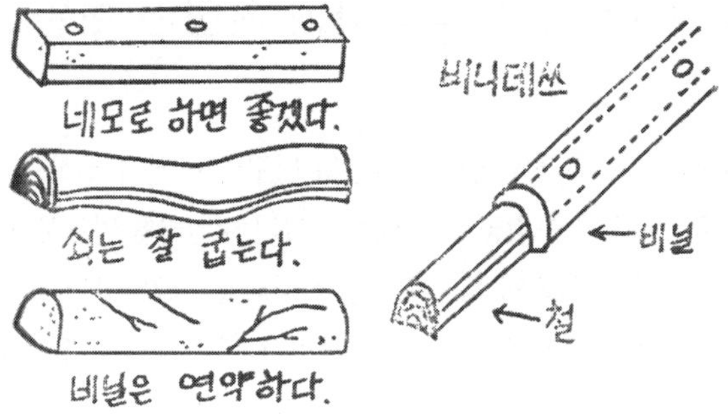
네모로 하면 좋겠다.
쇠는 잘 굽는다.
비닐은 연약하다.
비니데쓰
←비닐
←철

2. 녹 슬지 않는다.

3. 비닐관에 햇볕이 직접 철에 닿지 않으니까 늘어나서 굽는 일이 없어졌다.

특허를 잘 아는 그는 곧 이것을 실용신안에 출원했다. 그리고 이것에 「비니데쓰 레일」이라는 이름을 붙여 상표에도 출원했다. 참으로 치밀한 솜씨다. 「특허로 굳혀서 상표로 지킨다」는 말처럼 「성공기업의 정석」을 착실하게 실행했다.

이것은 처음에는 한 달에 3만 개밖에 안 팔렸으나, 지금은 한 달에 2백만 개나 팔리고 있다. 그래서 지금까지 5억 개나 팔렸다.

덧문의 레일로는 그가 단연 일본 제 1이다.

발명의 비결은 생각하는 것만으로 되는 것이 아니다. 스스로 재료를 찾아 「만들어 보는 일」이다. 생각하는 일은 누구나 할 수 있다. 그러나 만든다는 것은 그 속에 백 명에 한 두 사람, 또는 천 명에 한 두 사람으로 줄어 든다.

소리는 귀로 듣고, 말은 입으로 하듯이 「발명은 손으로 하는 것」이다.

일본 다꾸마? 무학자가 개발한 보일러

다구마식 보일러를 발명한 일본의 다구마는 거의 무학으로 40세 무렵까지 제재소를 경영하고 있었다. 그가 보일러를 연구하기 시작한 것은 산 속에서 제재할 때 증기기관을 사용했기 때문이다.

산속에는 전기가 없고 당시는 가솔린기관은 보급되지 않았을 때나, 어떤 발명가가 다구마에게 좋은 보일러의 발명이 있다고 가져왔다. 그는 그것에 투자했다. 그러나 결국 실패하여 큰 손해를 입었다. 그 뒤 그는 스스로 연구하기 시작했다.

둘레에선 미친 짓이라고 비웃어댔다. 연구비는 쌓여서 제재소는 쓰러지고 빚까지 크게 짊어졌다. 그리하여 몇 번이나 자살 직전까지 몰고 갔었다.

그가 발명에 성공한 것은, 국민학교도 제대로 못 나온 그로서는, 자신이 보일러가 되어 생각하는 수밖에 없었다. 물론 연구를 시작하면서 보일러 공부도 많이 했으며 학자들의 가르침도 받았다. 아무것도 모르면서 연구를 할 수는 없기 때문이다. 그러나 그는 자신이 보일러가 된 기분에서 연구하는 것이 편했다. 이것이 「영감을 얻는 지름길」이기도 했다. 보일러가 된 기분으로,

"파이프 속의 김이 어떻게 움직일까?"

하고 생각해보면 가열되어 위로 올라가려는 김과, 상승이 끝나서 아래로 내려가려는 물과 서로 맞부딪쳐서 혼란을 일으키고 있을 것이 생생하게 눈에 보이는 듯했다.

"서로의 충돌을 피하려면 어떻게 하면 될까?"

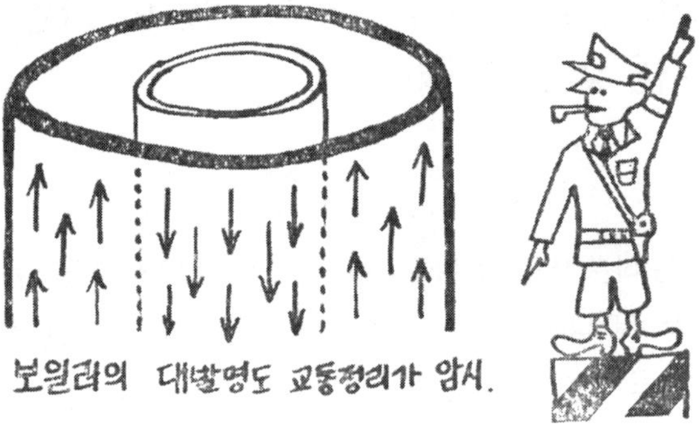

하는 일종의 「교통정리와 같다」는 사실을 찾아냈다. 이쯤되고 보니, 이제 남은 것은 「교통정리의 방법」만 연구하면 된다. 그러자 이번에는 파이프가 되어 생각했다. 위로 올라가는 것은 밖에서 가열된 파이프의 외벽에 가까운 부분이다. 그러니까 냉각되어 내려오는 것은 파이프의 한 가운데를 지나게 된다. 그러니까 그 경계에서 혼란이 일어난다. 그것의 교통정리가 필요하다.

그 곳에 영감이 떠올랐다.

그는 그 파이프 속에 또 하나의 가는 파이프를 넣어서 2중으로 한 것이다.

바깥쪽 파이프는 상승용 안쪽 파이프는 하강용이다. 그 밖에 집수기도 달았다.

보일러의 효율은 종래의 것보다 몇 배나 좋아졌다.

연료의 열은 85%가 보일러의 물에 전하게 되어 세계 최고를 자랑하던 영국의 팝콕크·윌콕크보다 더 성능이 좋았다.

1922. 미국의 워레스가 개발한 가볍게 읽을 수 있는 책

“나는 바쁜 사람들을 위해 이런 책을 낸다. 유익하고 즐거운 것부터 골라서 주머니에 들어갈 크기로, 하루 하나씩 몇 분만 읽으면 된다. 많은 책을 사는 비용과 노력이 절약되고 값은 1년 예약금 3달러!”

리더스 다이제스트 창간호를 인쇄하고 신혼여행을 떠나기 전에 전국에 보낸 취지문이다.

1922년 미국의 워레스와 그의 협력자인 부인 라이라의 꿈으로 만들어졌다.

워레스는 전쟁의 부상으로 입원 치료를 받고 있을 때, 독서를 즐기던 그는 책이 너무 길고 지루했다.

“가볍게 읽을 수 있는 책을 만들었으면!”

하고 궁리했다. 그는 퇴원하자마자 라이라와 함께 「수 많은 책 중에서 유익하고 재미있는 것만을 골라서 흥미있고, 간추린 곧 독자(리더)를 대신해서 소화요약(다이제스트)하는 책」을 창간호로 4천 부를 박았다.

이 책이 8년 후에는 10만 부가 팔렸고, 지금은 미국 가정 4세대에 한 부 꼴로 보급되고, 외국어판으로도 세계의 구석구석까지 널리 보급되어 대인기를 끌고 있다.

어린이들은 움직이는 것에 관심이 대단하다. 특히 동물이라면 깜빡 홀린다. 그렇다고 애완동물을 가정에서 사육할 수도 없고, 과학에의

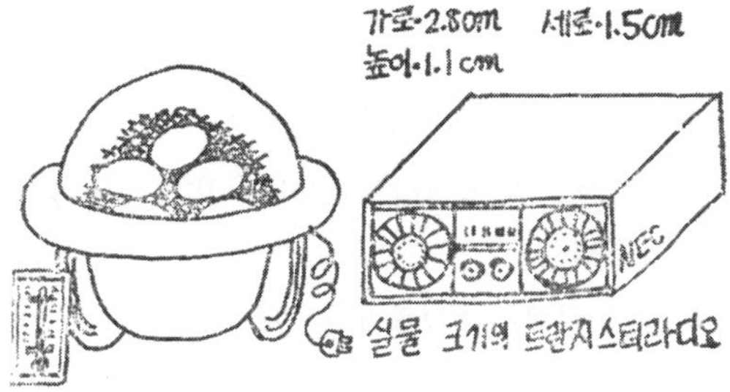

관심을 높여 주자는 뜻에서 불란서에서 팔리고 있는 것이 진짜 병아리가 나오는 「꼬마 전기 부화기」다.

달걀은 짚을 깐 위에 얹어서 부화기에 넣는다. 코드를 꽂자마자 서머스타트가 움직여서 일정한 온도가 보전된다.

유리 뚜껑으로 되어 있기 때문에 날마다 달걀의 상태를 관찰할 수 있다. 한꺼번에 다섯 개를 넣을 수 있게 되어 있다.

우리나라에는 양계용 부화기는 많아도 완구용의 부화기는 없다.

「확대의 정석」의 반대인, 「축소의 정석」의 대표적인 것이 팔목시계다. 지금은 누구나 알고 있으나 옛날에는 괘종시계와 탁상시계 뿐 이었다. 이것을 스위스인이 「좀 더 작게 더욱 더 작게」 고쳐서 회중시계, 팔목시계로 기술을 높여서, 드디어 세계의 시계시장을 휩쓸었다.

요사이 라디오가 자꾸만 작아져서 담배갑만큼의 크기로 한 트란지스타를 이용한 일본 소니사의 라디오는, 꼬마 라디오로 세계적인 인기상품이 됐다.

관심이 일상 생활을 편리하게 한다.

「더 많이」의 정석을 몇 가지 알아보자.

부산 반송 국민학교의 오순자, 정현옥, 두 여교사가 일거 사득의 연탄난로를 발명했다.

연탄 아껴쓰기 문제가 주부들의 큰 관심거리가 되어 있는 요즘, 연탄 한 개로 밥과 찌개, 국, 달걀튀김 등 네 가지를 한꺼번에 해낼 수 있는 경제적인 「연탄소모 절약난로」가 나왔다.

1974년도 부산시교위 주최 교육과학 전시회에서 아이디어부문 특선작품으로 뽑힌 이것은, 종전과 같이 연탄난로 위에 3개의 굴뚝형의 뚜껑을 만들어, 그 위에 냄비 등을 얹게 되어 있는데, 4군데 모두 열기가 고루 퍼지는 한편, 종전의 난로보다 방열을 더 막을 수 있다. 흔히 이론에만 흐르기 쉬운 과학교육에서 실천력을 발휘한 좋은 본보기가 되고 있다.

또 부엌살림의 하나인 재래식 솥을 개량한 시루솥이 나왔다. 밥, 국, 찬 한꺼번에 끓일 수 있으며, 맨 아랫솥에는 물 또는 국을 끓이고, 가운데 솥에는 밥을, 맨 위층에는 생선찜이나 데침같은 찬을 하게 된다. 특징은

1. 밥물의 양은 재래솥의 반이면 되고, 밥이 타지 않아 쌀이 절약된다.
2. 솥뚜껑의 강한 압력과 높은 열로 재래솥의 의 연료와 시간은 을 단축시킬 수 있다.
3. 밥, 국, 찌개 등을 한꺼번에 조리한다.

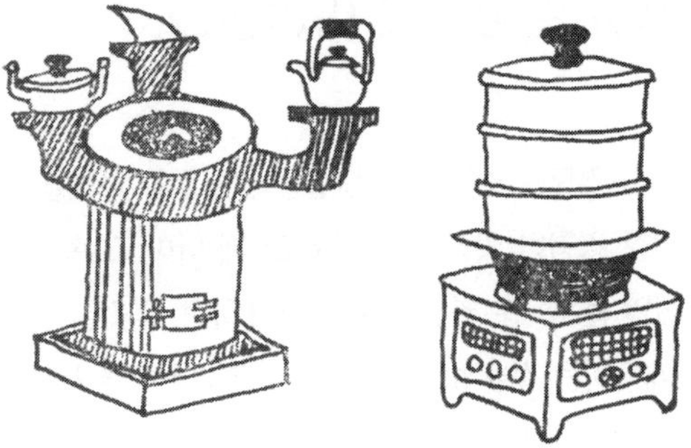

4. 솥의 수명도 길어진다.

값도 솥이나 냄비를 따로 장만하는 것보다 훨씬 싸게 먹혀서 주부들을 기쁘게 해 주고 있다.

서독의 K사의 헨리는 자동식으로 전을 부치는 요리도구인 튀김냄비를 개발하여 특허를 냈다. 이것은 10개의 튀김냄비를 올려놓아, 돌려가면서 조리할 수 있도록 되어 있으며, 1시간에 3백개의 전을 부칠 수 있다. 제품화되자마자 병원이나 양로원 같이 많은 사람이 수용되어 있는 곳에서는 대단히 인기를 끌고 있다.

이처럼 부엌살림 속에는 한꺼번에 할 수 있거나, 또 동시에 많은 것을 조리해야 하는 경우가 있을 때 놓치지 말고 그 어려움을 해결해 나갈 때에, 「발명하는 기쁨」과 함께 부「富」까지 따라 온다.

많은 여성들은 아침에 눈을 떠서 밤에 잠자리에 들 때까지 이런 자질구레한 일들로 가득 차 있다. 그때,

"어떻게 하면 이런 불편 불만이 풀릴까?"

하고 「연구하는 습관」을 「몸에 익힐 일」이다.

호기심이 발명으로 이어진다.

우리는 누가 기묘한 물건이나, 낯설은 연구들을 보였을 때, 그들의 반응을 관찰한 경험이 있었을 것이다. 그 때 아마 그 속에는 누가 그 물건을 잠깐만 볼 뿐 '흥 별것도 아니구만!'하며, 혼잣말을 할 뿐 다시 하던 일을 계속하는 것을 보았을 것이다. 그러나 다른 사람은 전혀 다른 반응을 보여 호기심을 나타내어, 당황하며 손으로 만지며, 자세히 살피며 질문하는 것을 보았으리라.

제1형의 사람들, 말하자면 호기심 없는 사람들은, 그 경험에서 아무것도 배두지 못했을 것이다. 또 10분안에 그런 특별한 경험마저도 깜박 잊고 말리라.

제2형의 사람들, 말하자면 호기심이 강한 사람들은, 어떤 새로운 것을 배웠을 뿐 아니라, 그 경험으로 자기의 상상력이 자극됐으리라. 그리고 이런 자극이야말로 거의 모든 사람들을 새로운 창조적인 생각으로 이끌어 올리게 되는 것이다.

과거에는 호기심은 해로운 것으로 믿어 왔었다.

그러나 우리들은 「현명한 호기심」은 더 「안전하고 좋은 세계」를 만드는데 도움이 되는 것으로 알고 있다. 다시 호기심이 조직화되어 일찍이 5백년에 이룬 이상의 일을 최근 50년에 이룬 것을 안다.

또 「필요는 발명의 어머니」라 하나 「반드시 그렇지 만은 않다」고 대개의 발명가는 말한다. 비행기, 자동차, 전기의 발명은 그것의 발명, 당시는 그것을 구하는 대중의 소리는 존재하지 않았었다. 발명가는 처음에는 만들 확신은 없었으나, 될 것이라고 상상하여 결정하고

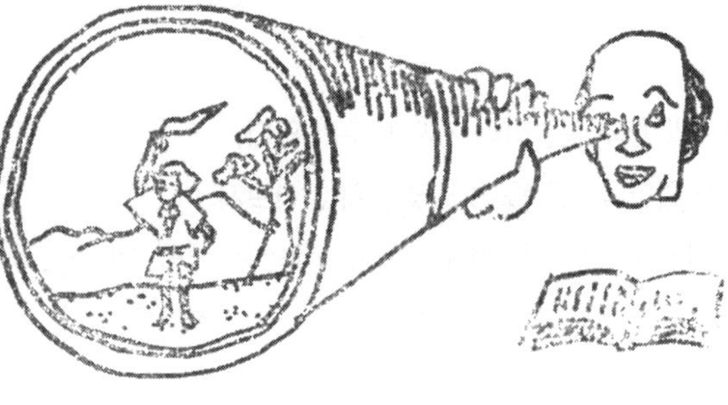

앞장서서 만들어 냈다. 그래서 몇 년 후에야 겨우 일반인들이 그것을 「필수품」으로 인정했던 것이다.

진보는 다음 3가지 태도에서 이루어진다.

①「불만족」, 발명능력이 있는 사람은, 환경과 물건이 옛날 그대로 변하지 않는 것을 싫어한다. 그것은 이물(異物)이 진주조개를 자극하여 진주를 만드는 것처럼 발명가를 자극하여 괴롭힌다.

②「호기심」, 발명가는 불만족한 그것에 의문을 갖기 시작한다. '왜 이대로 두었을까?', '혹시 이렇게 해본다면?', '어떤 결과가 나올까?' 이리하여 다름아닌 창조적인 활동이 시작된다.

③「바꾸겠다는 욕구」, 불만족한 생각과 호기심을 품은 발명가는 이미 「단지 불평만하는 잔소리꾼」은 아니다. 그는 의혹을 일으킨 불만스런 물건을 개량하고자 애쓰며 「전설적으로 일하게 운명지어진 사람」이다. 그래서 발명의 어머니는 「필요」 이상의 것이 필요하게 되며 그게 「호기심」이다.

발명은 평상시 관심에서 태어난다.

우리들의 둘레에는 여러 가지 도구가 있다.

하루에 얼마나 도구를 쓰고 있는지 알아보자.

우선 아침에 일어나면 세수를 한다. 세면대, 거울, 비누갑, 수건, 칫솔, 치약 등이 있고, 식탁에는 밥그릇, 국그릇, 찬그릇, 숟갈, 젓갈, 조미료통, 주전자, 쟁반, 이쑤시개통 이렇게 당장에 열 가지 이상 셀 수 있다.

이렇게 찾아보면, 얼마든지 많다. 이것들은 우리들의 생활을 편하게 해 주고 즐겁게 해 주는 도구다. 처음에는 없었던 것이 자꾸자꾸 연구해서 만들어진 것들이다. 이렇게 사람들의 생활에 도움이 되고 편리한 것을 생각하면 발명이라고 한다.

그러나 지금 있는 것을 그대로 흉내내어 만들면 아무리 잘 만들어도 발명이라 할 수 없다.

흉내가 아니고 지금까지 아무도 느끼지 못하고 만들지 못한 것을 생각해서 만들어야 발명이다.

이 세상에는 수없이 많은 도구나 기계는 모두 누군가의 아이디어와 「수고」로 만들어진 발명품이다.

지금부터 우리들이 발명하려면 우선 지금까지 어떤 것이 생각해졌는가 조사해 보아야 한다.

종이를 처음 발명한 사람은 지금부터 1800년 전에 중국의 채륜이라는 사람이다. 그때까지는 「간」이라 하여 대나무를 얇게 깎아 불에 쬐어 기름을 뺀 것이며, 「판」이란 널판대기에 글자를 새긴 것으로 그

것을 삼실이나 가죽끈으로 엮어서 둘둘 말아 두었기 때문에 책 한 권 만드는 데에도 품이 많이 들고 책을 들고 다니는 데에도 퍽 불편했다. 해인사에 있는 「팔만대장경」인 우리나라 국보는 「판」으로 된 것이다. 또 비단에다 글씨를 쓰게 되었는데 「백」이라 했다. 이것도 값이 비싸서 쉽게 책을 구할 수가 없었다. 그래서,

"더 편하고 값싸게 글씨를 쓸 수 없을까?"

하고 생각들은 했지만,

"내가 만들어 내겠다."

고 연구하는 사람은 없었다. 이때 채륜은 대궐안의 물건을 만드는 관청의 장관이며 동식물을 연구하는 학자였다. 채륜은 종이를 발명하려고 결심했다. 어느 날 호박벌이 집을 만드는 것을 바라보고 있으려니까 나무껍질을 입에서 내는 액과 반죽하여 집짓는 것을 보고 종이를 발명했다.

요사이 미국이나 일본에서는 지금의 종이 무게의 10분의 1밖에 안되고 물에도 젖지 않는 가볍고 질긴 화학종이를 석유에서 만들어 냈다고 한다.

링컨의 모자는 움직이는 사무실

아이디어가 떠오르면 곧 기록하라. 떠오른 생각은 20분만에 그 40%를 24시간 후에는 70% 이상을 잊어버린다고 한다.

링컨은 모자 속에 종이와 연필을 넣어 두고 언제든지 기록할 수 있게 했다. 링컨의 모자는 「움직이는 사무실」이었다.

슈베르트는 마음속에 항상 아름다운 악상이 흐르고 있었다. 그는 그것을 손닿는 곳이라면 어디에나 적어 나갔다. 어느 때는 식당의 식단표에, 어느 때는 저 서있는 마차의 뒤에까지 적었다.

갑자기 떠오른 아이디어는 시간이 흐르면 다시 잠재의식의 세계로 빠져버리므로 단단히 의식의 위에 붙잡아 두자면 곧 기록해 둘 일이다.

"본업은 버리지 말라. 발명은 부업삼아 하라, 「기록광」은 되라. 그러나 「발명광」은 되지 말라."

세계의 뛰어난 발명가들은 모두 「기록광」들이었다. 「기록하지 않고 성공한 사람은 한 사람도 없다.」

기록은 후일에 「아이디어의 재료」가 되는 것으로 생각할 때는 '이것은 기발한데!'하고 생각하나 시간이 흐르면 자꾸자꾸 결점이 눈에 뛴다. 그러나 결점이 나타나더라도 걱정할 것은 없다. 그것을 고칠 아이디어를 내면 되기 때문이다.

어떤 이는 잠자리에 들기전에 항상 머리맡에 2대의 녹음기를 두고 「생각난 것」, 「꿈에 본 것」을 그 자리에서 녹음한다고 한다. 많은 사람들은 잠자리에서 떠오른 금싸라기같은 아이디어를 아무 미련없이

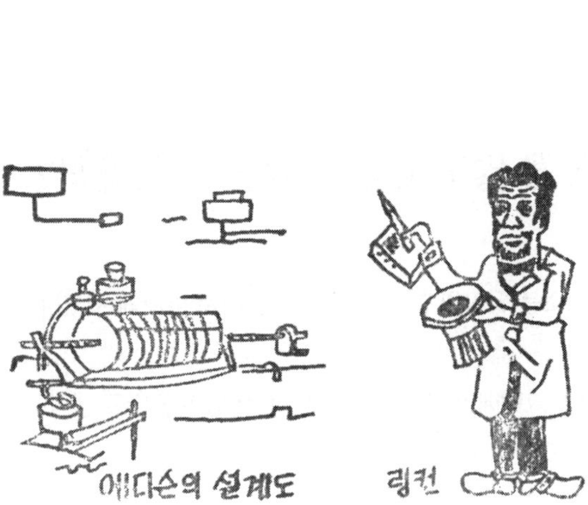

놓쳐버리고 있는 것이다.

B씨는 항상 백지의 쪽지를 주머니에 넣었다가 산책하면서 자신이 생각하고 있는 문제와 조금이라도 관련이 있다고 생각한 것을 보고 들으면 그것을 기록해두는 습관을 붙이고 있었다. 얼마전의 일이다. 그는 야광 플라스틱 제품에 흥미가 있었기에 무엇인가 이 방면의 신제품은 없을까 하고 열심히 생각하고 있었다. 야광 부표, 야광 손잡이, 야광 광고 등은 이미 낡았다.

며칠 전 그는 회사에서나 집에서나 걷고 있을 때나 닥치는 대로 생각난대로 쪽지에 적었다. 지하실, 벽장, 자동차, 밤, 비, 물, 침실, 침대, 침실용 물잔, 이렇게 연상되는 말을 적어 나가다가 문득 생각났다.

"그렇다. 어둠 속에서도 보이는 물건이다."

그의 아내는 항상 밤중에 어둠 속에서 물잔을 찾느라고 애쓰는 것이 아닌가. 이렇게 해서 그의 「야광 물잔」을 제품의 하나에 더하여 성공했다.

그렇게 많이 세우는 방법이 있을까?

콤롬부스는 달걀의 한 쪽을 꽁꽁 두들겨서 탁자에 세웠다고 전해오지만,

“그러면 그밖에 몇 백 가지의 세우는 방법이 있다고 생각하는가?”

하고 물어본다면,

“그렇게 많이 세우는 방법이 있을까?”

하고 납득이 안가서 깜짝 놀라는 사람이 많다. 이상하게도 학력이 높은 사람일수록 더 많다. 거꾸로 국민학생에게 물어보면,

“테이프로 붙이면 어떨까?”

“껌을 붙여서 세우면 되겠다.”

이런 대답을 한다. 중학생이라면,

“콜롬부스가 한 것과 반대로 망치로 탁자를 두들겨 오목해진 곳에 세우면 선다.”

고 선뜻 말한다. 목수라면 못을 박겠고 거꾸로 탁자 아래서 못박아 내민 곳에 꿰면 된다고 한다. 노른자가 나오건 흰자가 나오건 요는 세우면 된다. 송곳으로 구멍을 뚫어도 세울 수 있다.

미장공이라면 시멘트를 탁자에 흘려서 세우겠고, 미술가라면 석고, 진흙, 아교 등 둘레의 접착제를 쓸 것이다. 의사는 반창고, 추운 겨울이라면 물을 부어 그 위에 세우면 일 분 안에 얼어붙겠고 냉장고에서 해도 된다. 가장 손쉬운 것은 손가락으로 눌러도 된다. 나무를 심는 사람이라면 심은 것이 넘어지지 않게 둘레에 흙을 모은다. 그러니까 달걀 둘레에 사탕이나 밀가루를 씌워도 된다. 그 가루 속에 달걀을 묻

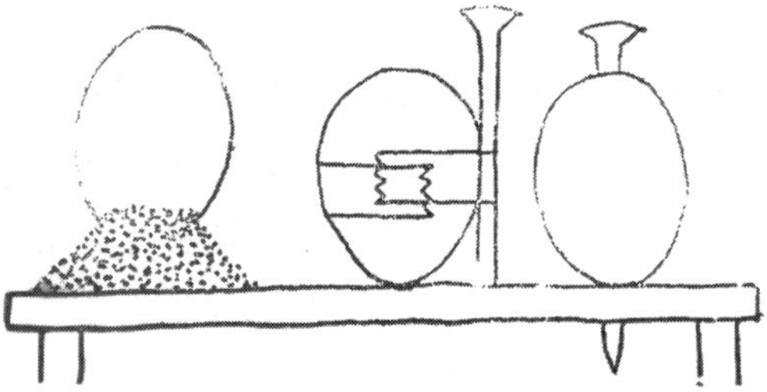

어도 좋다. 못을 하나 박아 테이프로 붙여도 된다. 달걀의 둘레에 못을 많이 박아도 좋다. 달걀이 몇 백 개 있다면 그 가운데 것은 서 있겠고, 동그란 가락지 위에도 세워지겠고, 탁자에 세운 달걀의 둘레에 작은 구멍을 뚫어 그곳에서 압축공기를 내뿜어도 설 것이다. 큰 풍선을 달걀 위에 붙여도 건들거리면서 서겠고, 21일 동안 데워 주면 병아리로 깨어 움직여도 서 있을 것이다.

이렇게 각도를 바꿔보면 수 없이 많은 방법이 꼬리를 물 것이다. 그 방법은 무한이라고 해도 좋다. 여기까지 말하면 국민학생이라도 생각되는 문제고 이렇게 몇 가지의 견본을 보니까 머리가 부드러워지고 생각하는 방법의 폭이 넓어져서 그것에 암시를 받아 답이 나오기 쉽게 되기 때문이다.

돈은 쓰면 없어지지만 머리는 거저 쓸 수 있고, 쓰면 쓸수록 더욱 더 좋아지는 것이다.

필요는 발명의 어머니다.

「필요는 발명의 어머니」라는 말처럼 관심이 있어야만 아이디어가 나온다. 그리고 아이디어는 반드시 자기의 생활주변에서 태어난다. 자기생활과 전혀 관계없는 전혀 관심없는 대상은 문제 밖이다. 그림에 흥미없는 사람에게 그림의 아이디어는 안나온다. 비록 그런 일이 있었다 하더라도 그것은 초심자의 생각에 지나지 않고 전문인 화가의 눈에는 그런 것은 아득한 옛날에 졸업해버린 아이디어라고 하겠다. 아기의 기저귀를 갈아주는데 귀찮았던 엄마가 더 간단하고 합리적이며 손이 덜 가는 기저귀를 만들고자 지혜를 짜서, 지금까지의 단추식 기저귀에서 매직테이프식 기저귀를 생각해 냈듯이, 아이디어는 현실생활의 「비판」, 「반성」에서 발굴된다. 바꿔 말하면 필요가 아이디어를 낳게 한다. 이것을 다시 깊이 생각한다면 「자기의 생활에 대한 마음가짐」에서 아이디어가 이끌려서 모습을 나타낸다. 「더 좋은 인생」을 바라고, 「더 좋은 생활」을 찾는 곳에 아이디어는 태어나며 그런 현실성에 하나의 희망을 결합시키지 않으면, 아이디어는 영원히 우리들과 인연이 없게 될 것이다. 「아무래도 좋다」는 무기력한 마음가짐에 빠진 사람이라면, 아예 머리를 쓰는 생각조차 하기 싫어한다.

「창조적 인간」이 되려면 매일 「일정한 시간」을 정해서 연구해야 한다. 연구실이 참으로 유용한 것은 그곳에 들어가면 반드시 연구한다는 시간과 환경을 만들기 때문이라고도 한다. 많은 초심발명가는 「5일이나 10일은 열이 올라 들뜬 것처럼 한가지 일을 생각하나, 어느새 식어서 몇 달이나 멍청해 있다. 그래서 남의 성공담을 들으면 또 열

병에 걸린것처럼 다른 발명에 달라붙는다. 이런 일을 되풀이 하고 있으니까 언제까지나 성공 못한다」고 하겠다. 매일 일정한 시간을 잡아 그 시간에는 반드시 연구한다. 그 때문에 「마음의 연구실」을 만들어 둔다는 것은 중요한 일이다.

그러면 「마음의 연구실」은 어디일까? 창조하기 쉬운 장소와 시간을 알아보자.

1. 환경의 변화, 삼상(三上)이라고 말하는 뒷간위, 말위, 베개위에서 아이디어가 태어난다. 집보다 여관, 앉기보다 움직여, 국내보다 외국에서.
2. 공복일 때, 배가 80% 가량 찼을 때.
3. 경쟁할 때, 몰렸을 때.
4. 대화할 때, 브레인스토밍.
5. 긴장했을 때, 산책할 때.
6. 고독할 때, 병상, 교도소에서.

창의력은 하나의 계획과 생명이다.

창의력은 지식과 결합하여 무적의 힘을 만든다.

불행하게도 뛰어난 창의력을 가지고 있으면서도 그것에 지식이라는 요소가 빠졌기 때문에 실패한 사람들이 대단이 많다.

“창의력은 하나의 계획에 생명, 정열, 힘을 더하는 데 필요하다.”

“지식은 이 생명, 정열, 힘이 가장 유효한 방향에 향해졌는지 확인하는데 필요하다.”

창의력은 강한 힘을 가지고 있으나, 알맞게 활용하지 못하면 그 막대한 힘은 도리어 해롭다.

다이나마이트는 적절히 사용하면 힘의 기적을 주는 유용한 폭발물이나 무지한 자가 잘못 그것을 만지면 그 사용자를 산산이 날려버리고 만다.

전기의 힘이 인간생활을 매우 편리하게 해 준 것은 사실이지만 그것을 잘못 써서 수많은 사람이 죽고 있다. 창의력도 마찬가지다. 뛰어나게 창의력을 가진 한 사람은 가난 속에 죽어갔다. 그 까닭은 그가 그의 생각과 사실을 결합시켜 창의력에 지식을 더하여 사용하기 전에 「잘 조합」하지 않았기 때문이다. 그는 어느 때 인류에게 도움이 된다고 확신한 발명을 완성하는데 수 년이 걸렸다.

“큰 홍수가 철교를 밀어내려 열차가 강에 뛰어들어 50명 이상의 사람이 빠져죽었다.”

는 기사를 읽고 이 마음씨 너그러운 발명가는 이같은 비명횡사를 막고자 결심했다. 그는 「모든 열차에 갖추는 구명대」를 발명했다. 차

량이 강에 뛰어들었을 때는 승객은 그저 구명대에 갈아타면 되는 것이었다. 이같은 착상을 하는데는 창의력이 필요했다. 그러나 그는 지식을 등한시 했다. '익사하는 승객의 수가 극히 적은 사실(지식)을 잊고 있었다'. 그가 만일 활동하기 전에 10분만 조사했다면 몇 년 동안이나 고생하면서 몇 번이고 실망을 맛보지 않았을 것이다.

모든 나라의 특허국의 기록에는 이와 같은 「우스꽝스러운 생각」도 지식을 갖추지 못했기 때문에 「엄청난 돈, 시간, 정력」을 쏟았다. 수많은 사람들의 「비극적 이야기」로 가득 차 있다.

통틀어 이같은 파국은 어떤 기획에도 지식을 협력자로 해서 사실의 보증을 구하면 피할 수 있었던 것이다. 기획에서 꼭 밟아야 할 절차로,

1. 주제에 대한 명확한 사실에 정통할 것.

2. 주제에 대한 더 많은 사실에 정통할 것.

3. 주제에 대한 또 더 많은 사실에 정통할 것.

중용이 사색할 수 있는 시간을 가져라.

공업진흥청은 재료규격과장 신윤수씨의 아이디어에 따라 개량솥을 개발했다.

재래식 솥은 주연료로 나무를 사용하던 이삼십년 전 솥의 형태를 거의 그대로 갖고 있어 요즘의 연탄 등에는 부적당한 점이 많다. 개량솥은 솥의 밑바닥을 종래보다 넓히고 솥전의 높이를 전체 높이의 70~75%가 되게 높게 잡았다.

재래식 솥은 그 높이가 전체 높이의 50~55% 밖에 안된다. 따라서 연탄불과 닿는 면적 즉 수열면적이 크게 늘어 취사 시간이 약 23% 단축된다. 물 5L를 가열했을 때 끓는 시간이 현재의 KS품은 21분30초인데 개량솥은 16분31초로 약 5분이 단축된다. 그리고 솥의 밑바닥이 넓고 편편하기 때문에 안정성이 높아 물이 쏟아져 화상을 입을 위험도 크게 줄어든다.

공룡은 지나치게 커버려서 멸망했다고 한다.

중력 때문에 견딜 수 없었던 것이다. 그러나 바다의 생물은 다르다. 부력이라는 떠오르는 힘이 거들어주기 때문이다.

만일 고래가 지금의 두 배나 크게 된다면 어떻게 될까?

인간이, 말은 샤라브레드를, 젖소는 홀스타인을, 닭은 백색레그혼을, 아니 란쮸까지 만들어 냈다. 확실히 고래는 지구위에서 가장 큰 동물이다.

인간도 커졌다. 그 눈은 몇만 광년의 먼 별까지 닿고, 그 귀는 고기들이 말하는 초음파의 진동까지 잡게 되었다. 원숭이학은 원숭이 사

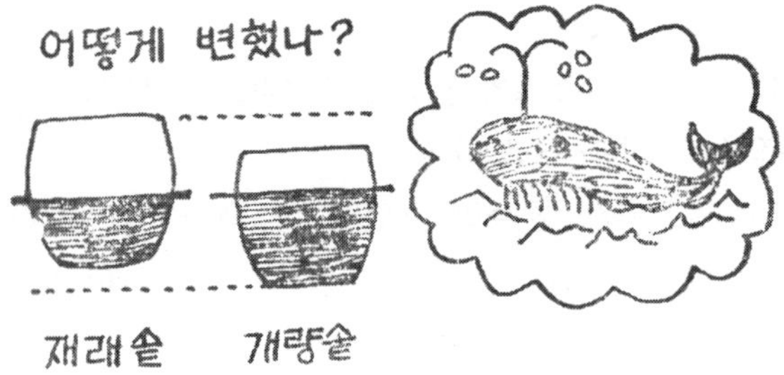

회의 원숭이의 말을 밝히기 시작한 것이다.

고래와 이야기하자, 고래를 프랑크톤이 풍부한 바다로 꾀어 들인다. 그곳에는 고래가 즐기는 작은 고기를 길러서 고래를 살찌운다. 고래의 연애도 도와주고 호적도 만든다.

어느 날에 토실토실 살찐 고래가 한 줄로 늘어서서 바닷가에 있는 해체공장에 헤엄쳐올 날이 있을지도 모른다.

물론 이것은 꿈이다. 일찍이 인간은 하늘을 나는 것은 꿈이었다. 만일 상승기류를 탄다면, 만일 날개를 단다면, 만일 강력한 발동기를 달아 본다면 이런 「가설(꿈)」에 따른 실험이 지금은 인간을 달에까지 보낼 수 있었다.

「백주몽」을 단지 즐거운 게름뱅이의 일로 치고 있다. 그러나 과학자들은 과거의 경험과 지식을 이용해 백주몽에서 「건설적인 것」을 배웠다.

백주몽은 위대한 착상을 낳는 하나의 방법이다.

왓트는 가난한 수리공이다.

발명이라면 누구나 왓트의 증기기관을 생각한다. 그처럼 유명한 증기기관의 어디가 특허 부분일까?

그 무렵 왓트는 가난한 수리공이었다. 그 곳에 당시에 유명하던 N씨의 증기기관의 수리를 맡았다. 왓트는 증기기관 따위는 모르기에 책에서 대충 구조를 읽고 수리를 시작했다. 당시의 증기기관은,

"원통의 속에 증기를 불어넣어 피스톤을 위로 움직인 다음에 원통의 속에 물을 넣어 증기를 식혀서 피스톤을 내린다."

는 방식이었다. 그러자니 피스톤을 한번 오르내리는데 한 번 씩 물을 넣어야 한다. 이것는 참으로 귀찮고 불편했다. 이것을 본 왓트는,

"물을 안 넣고 되는 방법은 없을까?"

하고 생각했다. 그래서 드디어,

"원통 속의 증기를 관으로 별실에 넣어서 식히면 된다."

는 생각을 했다. 이것이 "특허 청구의 범위"였다. 이것이 「세계의 산업혁명을 일으키게 한 대발명」이 되었던 것이다. 가끔 왓트는 말하기를,

"세상에선 나를 대발명가라고 한다. 그러나 천만에 말씀, N씨의 기관을 개량한 것뿐이다."

라고, 지금으로 말하면 실용신안이다.

노벨상을 만든 노벨의 다이나마이트의 발명은 그가 니트로크리셀린이란 액체의 폭약을 파는 상인이었다. 그러니까 학자였거나 기술자도 아니었다. 그런데 이 니트로크리셀린은 기차가 덜커덩 흔들리기만

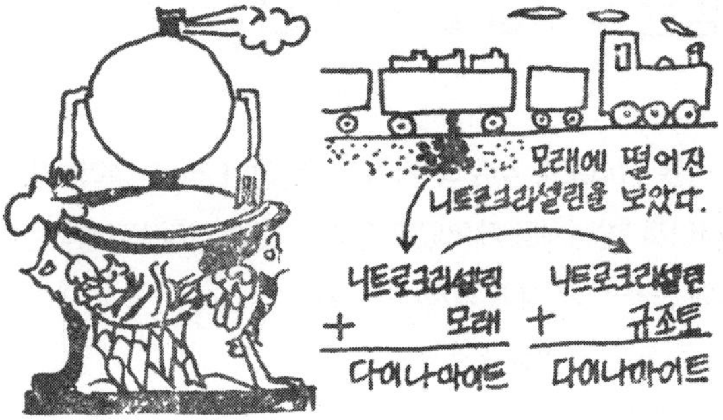

해도 폭발하는 위험한 것으로 수송은 목숨을 걸고 했다. 그래서 노벨은 생각했다.

"쉽게 폭발하지 않는 것을 만들 수 없을까?"

그러던 어느 날 니트로크리셀린이 든 통을 하차에서 내리려고 하는데 어디엔가 구멍이 뚫렸는지 속의 액이 뚝뚝 떨어져서 모래에 스며들고 있었다. 더 좀 자세히 보고 있으려니까 인절미처럼 굳어지는 것이 아닌가! 깜짝 놀란 그는,

"이것은 혹시 폭발하지 않을지 모르겠다."

고 생각하면서 조그만 덩어리를 망치로 두들겼다.

안전하다. 그는 뛸 듯이 기뻤다.

"모래에 니트로크리셀린을 흡수시키면 폭발하기 어려운 것이 된다."

이것이 그의 대발명인 다이나마이트의 「특허 중심」이다. 그 후에 연구를 거듭하여 드디어 「규조토」라는 흡수성이 강한 흙에 흡수시켜 그것을 팔아 세계의 돈을 긁어들였던 것이다.

발명은 누구나 할 수 있다.

미국인은 남녀노소 누구나 자기는 「발명가」라고 생각하며 살아간다. 그러니까 '발명처럼 재미있고 유익한 것은 없다.'고 생각한다.

아침에 눈을 떠서 밤에 잠자리에 들기까지,

"이거 큰 일인데 어떻게 한담?"

"여기가 마음에 걸리는데 고칠 수 없을까?"

하고 보고 듣는 것 모두가 생각처럼 안 되는 것 투성이다. 아무리 넉넉한 생활을 누리는 사람도 더 좋은 것을 바라는 마음에는 한이 없다.

일상생활에서, 직장에서, 집안에서, 집밖에서,

"이렇게 했으면 좋겠다."

"저렇게 고쳤으면 어떨까?"

하고 생각한다. 이럴 때,

"어떻게 하면 이런 욕망을 만족시킬 수 있을까?"

하고 생각하게 된다면 그는 이미 발명가인 것이다.

누구나 적어도 몇 번쯤은 나사못을 박았으리라, 이때 나무가 단단해서 저항이 크거나 나사못의 홈이 얕거나 하면 드라이버가 벗어나서 미끌어질 때는 참으로 속상하다. 더욱이 홈이 망가져서 빼지도 박지도 못할 때의 답답함, 이런 일은 세상에는 수없이 많은 사람들이 되풀이 하여 겪은 일이다. 그러나 이때,

"울화가 치민다."

로 끝내버리지 않고,

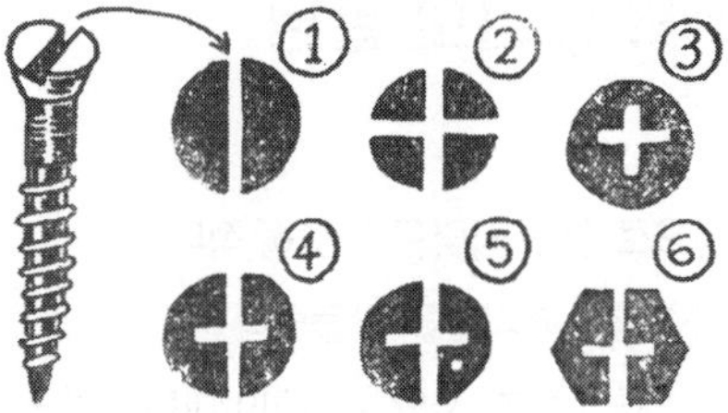

"어떻게 드라이버가 벗어나지 않고, 홈이 망가지지 않게 할 수는 없을까?"

하고 연구하여 미국의 필립은,

「또 하나의 홈을 더 판 +자 나사못」을 생각해 냈다. 미국은 이 필립의 「+자 나사못」의 아이디어만으로도 세계 각국으로부터 얼마나 많은 돈을 벌어들였는지 모른다.

결국 발명이란 어떤 불편, 불만, 곤란같은 것에 부딪혔을 때 속상하고 화내고 체념하는 대신에 '어떻게 하면 이런 어려움을 해결할 수 있을까?'하고 생각하는 「도전하는 습관」을 붙일 일이다.

위의 여러 가지 나사못대가리의 생김새를 보고,

"왜 이렇게 변했을까?"

하고 한번 조용히 생각해 보자.

발명의 초보는 우선 「생각하기」에 있다. 우리들의 신변의 「가까운 곳부터」, 「조그만 것부터」

"어떻게 하면 좀 더 편리하게 할까?"

하고 생각하는 습관을 가질 것이며, 이렇게 한 가지 두 가지 씩 차근차근 쌓아올려 가는데 있다.

솔잎비누의 향기로 발명

발명만을 직업으로 삼은 사람은 대단히 적다.

힐튼은 예술가이면서 증기선을 만들었다.

농축 오렌지쥬스를 고안한 사람은 마이아미대학의 스탈교수였다.

전신기의 모르스부호를 고안한 모르스는 초상화가였다.

호이트니는 교사였는데 면방직기를 발명했다.

철제의 안전하고 튼튼한 찬장을 생각한 사람은 오하이오주의 목사 디크였다.

접게 만든 접철식 톱은 어떤 사무원이 복도에서 스쳤을 때 가지고 있던 톱으로 남을 다친 것이 원인으로 고안한 것이다.

지우개 붙인 연필은 화가의 고안이었다.

솔잎비누는 만담가인 벌리판의 발명이다.

이처럼 전문가가 아니면서도 세상이 인정하는 발명을 한 사람이 많다.

발명만이라면 그리 어려운 문제는 아니다.

이럴 때부터 발명을 「생각하는 취미」삼아 하는 편이 좋다. 「머리를 쓰는 공부」가 된다. 그 이상의 것을 하면 실패하고 만다.

발명을 하나의 「특기나 취미」로 한다면 손해를 보거나 낙심하지는 않을 것이다.

무심코 돈을 벌 수 있으니까 한다는 생각으로 한다면 엉뚱한 실수를 저지르고 만다. 어릴 때는 학교에서 배우는 공작, 음악, 실과, 사실은 모두 하나의 학문이다. 공작을 잘 하니까 장차 목수가 된다거나,

노래가 좋으니까 가수가 된다는 것이 아니다. 오늘날처럼 복잡한 세상 문명이 발달한 시대에는 옛날처럼 읽기, 쓰기, 셈하기만으로는 결코 살아갈 수는 없다. 여러 가지의 새로운 것을 알기 위해 공부해 두면 장래에 반드시 도움이 되는 것이다. 개인에게 도움이 되는 일은 사회에도 도움이 되는 것이다.

한 사람 한 사람의 행복은 세상 전체의 행복이 되는 것이다.

발명은 이제부터 더욱 더 늘어난다.

발명은 누구나 할 수 있다는 말에 홀려서 「발명의 함정」에 빠지지 않도록, 발명에 대한 지식을 쌓고 몸에 배게 익혀야 한다.

발명은 우선 근본이 되는 지식을 익힐 것, 결코 과학만 좋다고 해서는 안된다. 수학도 해야 하고 외국인의 연구를 알려면 외국어도 해야 한다. 또 날마다 보는 것을 잘 관찰하는 습관을 붙이는 것도 발명에 대단히 중요하다.

문외한이 개발을 한 경우가 많다.

"광고성냥으로서 불꽃의 색이 빨강이나 자주색 등 여러 가지 색이 나면 호기심을 끄는데 그것을 만들려고 대학 교수에게 부탁했으나 수백만 원의 연구비만 썼을 뿐 허사였다."

는 말을 양초회사의 B사장에게 들었다.

아울러 불꽃의 색이 별난 양초를 만들고 싶다고 했다. 이것도 대학의 연구실에 많은 돈을 주고 부탁했으나 될 것 같지 않다고 한다.

불꽃의 색을 바꾸는 것은 중학교의 화학실험에서도 초보적으로 잘 다룬다. 알콜램프의 불꽃에 소금 한 알갱이를 넣으면 불꽃색이 활짝 노랑색으로 빛난다. 구릿가루를 넣으면 아름다운 코발트색이 난다. 이것을 「염색반응」이라고 한다.

학자, 교수들은 각종 가루를 성냥의 약에 넣어본다. 양초의 심에도 넣어 본다. 그러나 색이 변하지 않는다.

'양초나 성냥불은 온도가 낮기 때문이다.' 다시 학자는 낮은 온도에서 색이 변하는 광물질을 찾으나 성냥이나 양초의 불꽃 온도를 높이고자 「정공법의 연구」를 계속하기만 한다.

그런데 D발명전에 출품한 M군의 양초는 훌륭하게 자주색 불꽃을 냈다. 학자가 깜짝 놀라서 설명을 청했는데 M군은 다음과 같이 말했다.

"알콜을 넣은 가는 관을 심으로 해서 그 둘레를 양초모양의 발포 스티롤로 쌌다. 겉보기에는 양초와 흡사하나 그 심에 소금이나 구릿가루를 넣었을 뿐이다."

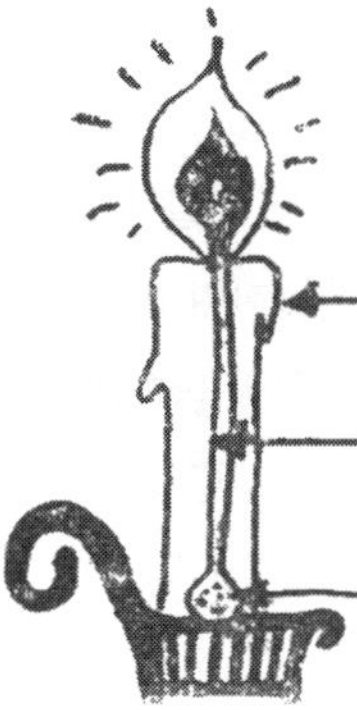

학자는 외부는 바꾸지 않고 중심의 구멍에 힘을 쏟고, 초심자는 중심은 그대로 두고 바깥쪽만 바꾸어 성공한 것이다. 이렇게 보면 전문가나 대학자가 도리어 문제해결을 못할 때가 있다.

왜 그런가 하면 전기라면 전기의 전문가는 훨씬 깊게 파내려 가기 때문에 원의 중심이 된다. 그러니까 암시를 얻을 기회가 매우 적다. 도리어 문외한이 대발명을 한 경우가 많다.

커다란 판유리의 제조법은 자동차왕 포드가 발명했다. 유리라면 포드에겐 완전히 전문 밖의 일이었다. 전문 밖이기 때문에 가령 전기 일을 할 때는 그 주변을 들어갔다 나갔다 한다. 전기의 지식만으로는 결코 아이디어가 태어나지 않는다. 전기의 전문가가 물리, 화학, 기계 등에도 머리를 돌려보면 거기에는 갑자기 새로운 것을 찾게 된다. 화학자라고 화학만 연구하면 된다고 믿고 화학만 연구하고 있다면 화학의 일대 발명은 나오지 않는다.

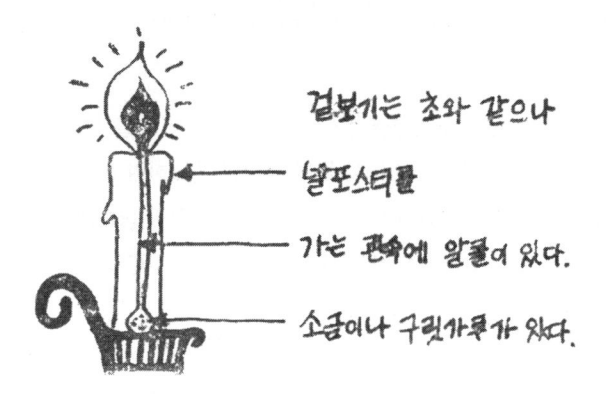

갱 속에서 안전한 등을 만들다.

1800년경 탄광의 광부들은 어두운 갱 속에서 일을 하고 있었다. 그것는 갱 속에 가스가 있어서 불을 붙이면 폭발하여 전원 사망이라는 참사가 자주 일어나기 때문이었다. 그러나 이 어둠속에서 일하기란 대단히 어려웠다. 그래서 광산의 사람들은 그 무렵 최고의 과학자라고 하는 영국왕립협회의 회장 데비에게 부탁하러 갔다.

"갱 속에서 안전한 등을 만들어 주십시오."

데비는 자신의 지식과 기술을 총동원하여 실험했으나 그만 「정리(定理)에 걸려서」이 기술이 방해가 되어 아무리 해도 안된다. 할 수 없어서,

"어떤 과학을 응용해도 어떤 수리를 써도 가스 속에서 안전한 등을 만들 수 없다."

고 손을 들고 말았다.

그러던 어느 날 알콜램프에 불을 붙여 그 위에 철망을 얹어 보았다. 어느 국민학교의 자연실험에서도 자주 하는 일이었다.

그러자 뜻밖에 이상한 현장이 일어났다. 그것은 알콜램프의 불꽃이 철망 위로는 조금도 안 나왔다.

철망위에 불꽃이 안나온다는 것은 보통 사람은 몇 백 번이나 보고 있으며 데비도 번번이 보고 있었다. 그러면서도 그 아무것도 아닌 일을 차분히 생각해 보니 이상하게도 어떤 「책에도 쓰여 있지 않았던 것」을 알았다.

데비는 이 철망을 치워 보았다.

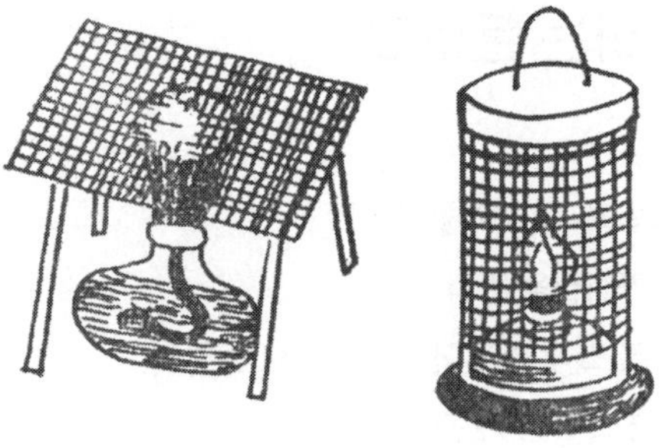

불꽃은 길게 올랐다. 그는 '철망은 불꽃을 통과시키지 않는다.'는 사실을 알았다. 그때 항상 생각하고 있던 갱 내 램프의 일이 떠올랐다.

"램프를 철망으로 싼다면 램프의 불꽃은 밖의 가스에는 옮겨지지 않을지도 몰라?"

그러자 다음에는 곧 「추리가 방해」를 한다.

"바보스러운 것을 생각하지 말라. 갱 내의 가스가 철망을 통해 램프 속에 들어오지 않는가?"

하며 부정한다. 그러나 데비의 「훌륭한 점」은 그 다음이다. '해 보자!'고 실험실에 들어갔다. 그래서 드디어 성공했다. 후에 생각하니 아무것도 아니다. '철망의 속에서 가스가 타도 그 불꽃은 철망 밖에는 안 나간다. 그러니까 밖의 가스에 불붙을 염려는 없다.'는 것을 알았다.

곧 특허 출원을 했다. 그러나 그는 「특허료를 사양」하고 세상에 공개했다.

이것이 세계적 발명인 「안전등」이며 얼마나 「많은 귀한 목숨」을 구했는지 모른다.

실험하라. 실험하라. 실험하는 곳에 발명이 온다.

아이디어는 돈이다.

① 통모양의 메리야스천을 쓴다.
② 중앙에 가위질을 한다.
③ ①과 ②를 좌우로 열어서 일직선으로 한다.
④ 앞의 천조각을 ④가 끌어 내려진다.
⑤ 재봉틀로 ①②③의 곳을 뒤쪽 ⑤에 꿰맨다.
⑥ 이렇게 하면 앞뒤의 크기가 꼭 맞아든다.

「중앙에 잘린 곳을 넣은 것 뿐」

깜직스러운 고안이다. 이것이 4천만 엔이나 벌어들인 일본 S부인의 발명이다.

S부인이 종이봉투를 써서 몇 번이고 시험하면서 터득했다고 한다. 이 방법은 또 다른 곳에 많은 용도가 있을 것 같다.

양복점을 경영한 S부인 장난꾸러기의 아들·딸이 다섯, 셔츠는 입히자마자 더럽혀지고 빤쓰는 터지고 찢어졌다. 참다 못해 생각한 것이,

"빤쓰는 솔기가 찢어지기 쉽다. 솔기 없는 무명빤쓰로 하면 질겨서 오래 입히겠다."

하는 생각으로 만들고 있는데 이것을 본 친구가,

"참 좋은 빤쓰가 됐는데, 곧 특허를 내둬요."

서두르는 바람에 생후 처음 특허의 경험을 겪었다. 그 뒤 특허가 나고도 5년이나 지난 어느 날 맏딸이,

"엄마! 권리를 가지고만 있지 말고 팔아보면 어때요?"

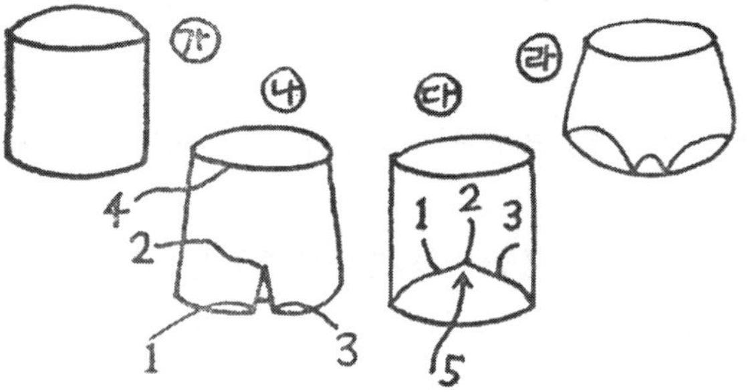

하고 권하는 바람에 L기업과 절충되어 50만 엔에 사주었다.

"아이디어는 돈과 같다."

는 것을 처음 깨닫고 모녀가 얼싸안고 기뻐했다.

이런 뒤로 빤쓰나 기저귀의 연구를 부지런히 했다.

타이츠의 연구는 H사에게 2년간의 사용료로 2백만 엔을 받았다. 럭키타이츠가 그것이다.

아톰타이츠는 B사가 봄동안만 30만 엔에 사 주었다.

마이크로빤쓰는 D사에게서 첫 해에 권리금으로 130만 엔과 고문사원으로 다달이 3만 엔씩 받기로 했다. 이것은 다음 해부터 선전해서 팔리기 시작해서 수 백만 엔이 됐다. 그리고 유럽 여행은 여비를 D사가 대어주었다.

아이디어의 덕택으로 수 많은 명예와 돈이 굴러들어왔던 것이다.

S부인 8시의 「일요발명학교」에 「고문」으로 항상 출석하여 후배의 지도에 정성을 기울이고 있는 새로운 모습의 「발명부인」이다.

제2차 대전이 끝나자, 칫솔혁명

칫솔이 하는 가장 큰 일은 이와 이 사이에 낀 찌꺼기를 없애는 일이다.

독일에서는 ㉮처럼 칫솔자루의 한 쪽에 끝이 삼각형처럼 뾰족한 털의 산이 세 곳에 붙어 있고 중간에는 없다. 이것은 대단히 목적에 맞는다. 그리고 이것은 독일에서는 잘 팔리는 상품으로 유명한데, 우리나라에서는 구경조차 할 수 없으며, 일본에서는 잘 팔리지는 않아도 상점에 진열은 되어 있다고 한다. ㉯처럼 자루에 대해 거의 평행으로 그것도 한결같이 털이 붙어 있어야만 칫솔이라고 생각한다. 그것이 「상식」처럼 굳어있다.

미국은 제2차 대전이 끝나자 「칫솔 혁명」이 있었다. 칫솔은 자루에 대해 평행으로 털이 붙어있다. 그러나 마루를 닦는 솔은 ㉰처럼 자루에 직각으로 털이 붙어있다. 이 T자 형의 마루솔과 평행으로 붙어있는 칫솔과 어느 쪽이 닦는 효과가 있느냐 하면 그것은 T자형 마루솔이 훨씬 좋다. 그렇다면 칫솔도 T자형이 좋을 것이다. 결국 마루 닦는 솔을 소형으로 한 것이 칫솔로, 자루를 세로로 잡고상하로 움직여 찌꺼기를 없앨 수 있겠다고 한 때 T자형 칫솔로 됐다. 그리고 이의 안까지 닦자고 ㉱처럼 L형의 칫솔로 바뀌고 그 뒤에 찌꺼기는 역시 상하로 몇 번 움직였는가의 횟수로 된다. 대개 단시간에 상하운동을 될수록 빨리 하면 된다는 데서 ㉲처럼 전기칫솔이 나왔다. 지금 미국 가정의 거의가 전동기로 되어 있는 전기칫솔을 쓰고 있다.

이것은 손에 잡힐만 한 정도의 원통형의 용기에 발동기가 들어있고

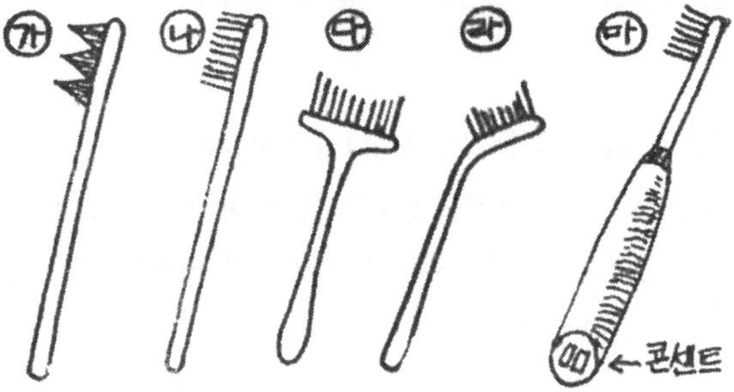

콘센트도 들어있다. 콘센트에 자기의 칫솔을 끼우면 1초 동안에 60번(60싸이클) 상하운동을 하니까 입 속에 2~3초 넣으면 이닦기는 끝나는 셈이다. 이것은 어디나 6개 또는 8개 등 한 벌 판매를 한다.

칫솔만 하더라도 이렇게 변화하고 있는데 우리들 머릿속에는 아직까지도,

"칫솔은 자루에 대해 평행으로 털이 붙었다."

는 「고정관념」에서 벗어나지 못하고 있다.

상식이라고 하는 것은 바꿔 말하면 「고정된 생각이 항상 되풀이하는 것」을 말한다. 언제까지나 상식에만 따른다면 새로운 것은 무엇하나 안 나온다. 어제도 오늘도 같고, 내일도 오늘의 되풀이에 지나지 않는다. 그 「고정관념을 깨어버리는 것」이 「상식에서 벗어나는 것」으로, 우리에게 가장 시급한 일은 바로 이 「상식에서 벗어나는 일」이다.

항상 창조적 사고가 필요하다.

창조적으로 생각한다는 것은 「하나의 기술」이다.

우리들은 누구나 「창조적으로 생각하는 능력」을 가지고 있다.

우리들은 언제나 잠재적으로 가지고 있는 이 능력의 「겨우 일부분만 사용」하고 있을 뿐이다.

이런 결론에서 그 능력을 더 좋게 하기 위해 가져야할 최상의 수단은 분명히 창조적으로 생각하는 방법과 순서와 기술의 습득에 나설 일이 아니다. 도리어 최초로 '지금 잠재적으로 가지고 있는 창조적으로 생각하는 힘의 전부를 못쓰는 까닭은 어디 있는가?', '어떤 장애가 억제력으로 되어 있는가?'의 문제부터 해결할 일이다.

만일 이들 억제하는 장애를 찾아내어 그것을 줄이고, 없애는 방법을 찾아낼 수 있다면 그것만큼 창조력을 높이게 될 것이다. 최근에 과학적인 연구와 조사에 따르면, 우리들의 「잠재적 창조력」의 발휘와 그 넓은 응용을 방해하는 것에 적어도 10여 가지의 힘이 있다고 한다. 우리들은 다음에 적는 저해 요인을 어떤 방법으로 없앨 것인가는 스스로 연구하기로 하고(다음 기회에 자세히 적기로 한다) 우선 간단히 다루기로 한다.

① 「불건강」: 창조적인 생각을 방해하는 최초의 가장 강력한 요인이다.

② 「동기의 박약」: 강한 동기가 창조 활동에 강한 힘이 되는 반면에, 창조하려는 욕망의 「부족」은 창조적인 생각의 장애가 된다고 하겠다.

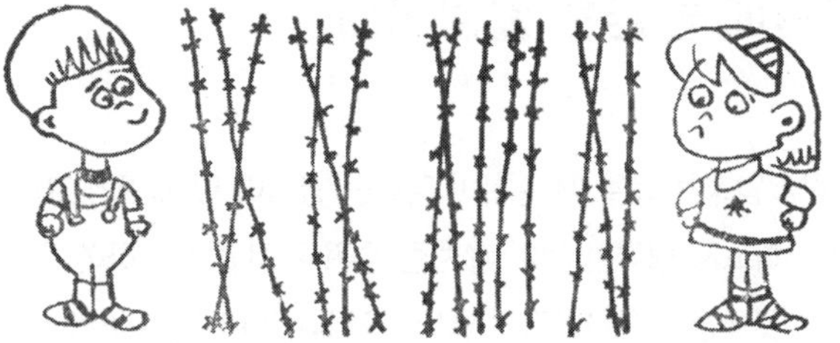

③「정신적 게으름」: 창조적으로 생각하는 데는 반드시 새 노력, 새 응용, 새 활동이 필요하기 때문에 정신적으로 게으른 사람은 이것을 피한다.

④「호기심의 부족」: 155~158면을 보라.

⑤「피상적 관찰」: 표면만 보고 내부를 통찰하지 않는다. 사물을 손쉽게 조금만 볼 뿐이다. 159면을 보라.

⑥「억압적인 생활 지도와 교육」: 61면을 보라.

⑦「작업의 타락화」: '서투른 사환도 우수한 사장보다 청소는 잘한다.'는 격언이 있듯이, 지금은 얼마나 많은 「사장」들이 사환의 일을 하고 있는지 모른다.'고 케타링은 말했다.

⑧「공포라는 감정」: 보통 사람은 약 80%는 감정적이며, 20%만이 논리적으로 생각한다고 한다.

⑨「잘못된 관찰」: 체로 쳐서 사물을 보려한다.

⑩「비판하는 정신」: 계속적으로 남의 흠을 들추어내어 욕하는 일은 창조성을 방해한다.

⑪「딱지를 붙이려고 하는 정신상태」

⑫「개념 장애」: 서로 좁고 낡은 데로 이끈다.

연필에 눈금은 발명이다.

누구나 압정을 뽑을 때 손톱이 아팠던 경험이 있으리라. 그래서 뽑기 쉽게 하고자 생각한 것이 ㉯처럼 추켜든 것을 생각하여 대발명이라도 한 것처럼 우쭐하여지기 쉽다. 그러나 이런 것은 이미 50여 년 전에 출원되어 있는 것이다.

비슷한 것으로 ㉰처럼 고무판같은 것을 끼워 탄력을 더함과 함께 뽑기 쉽게 한 것도 있다. 이것도 이미 옛날에 허가되어 있다.

㉱처럼 손잡이를 만든 것 때로는 둥근 것을 꽃모양 곤충모양의 의장은 어떨까 하고 출원하는 이도 많다고 한다. 또 압정에 찔려서 혼난 사람도 많다고 보아 ㉲처럼 굴려도 결코 침이 위로 서지않는 것도 생각한다.

그러나 어떤 것이나 이 압정이라는 것이 너무 값싸기 때문에 조금만 수공을 더하면 벌써 값이 2배, 3배로 껑충 뛴다.

그렇게 되면 특수한 곳 말고는 사용하지 않는다. 그것이 이들 발명이 빛을 못보는 이유다.

요사이는 플라스틱의 아름다운 압정까지 시장에 나오고 있다.

우리들에게 제일 친근한 것의 하나는 연필이다. 그러니까 연필의 발명 또한 많다. 그 속에서 가장 많은 것은,

"연필에 눈금을 적어 넣어 언제나 자처럼 썼으면 좋겠다."

는 발명이다. 이것도 해마다 수 많은 사람들이 생각해보곤 한다. 그러나 이것도 이미 40여년 전에 허가된 것이다. 또 하나는,

"연필이 짧아지면 쓰지않는 사람이 많으니까 아예 3분의 1쯤 심을

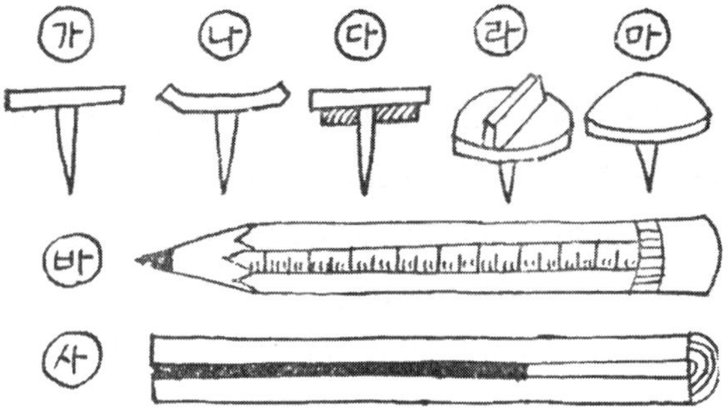

안 넣으면 대단히 많은 흑연이 절약된다."

는 것으로 이것 역시 허가는 되고도 사업화되지 못한 까닭은 ㉥의 연필은,

"대중의 「필요심리」가 일지 않기 때문이다.

㉦의 연필은,

"재료비보다도 공임이 비싸게 먹힌다."

이 밖에도 연필의 축을 플라스틱으로 했으면 어떨까 하는데 「깎을 때의 감촉이 좋은 것」그리고 「값이 싼 재료」를 찾아내야 한다.

또 축목을 쓴 간이 샤프연필을 만들어 자만하기도 하는데, 대개의 경우 지금의 샤프연필과 같은 과정을 되풀이하고 있다. 차라리 이것보다는 볼펜의 심을 잘 이용한 취미와 장식의 필기도구를 생각하는 쪽이 훨씬 근대적이며 바람직하다.

신제품 개발은 대중성이 필요

한 때 신문광고에 실리고 백화점에서까지 선보였던 우산이 있었다. 우산의 손잡이 끝에 꼬마전구를 붙여 땅바닥을 비추는 것이었다. 비 내리는 밤의 흙탕길을 걷기에 이만큼 편리한 것도 없다. 또 밤에 집에 돌아가서 열쇠구멍을 찾는 데도 곧 도움이 된다. 그런데 이렇게 편리한 것이 어쩐 일인지 잘 안 팔린다. 공정이 늘었으니 값이 다소 올랐으나 그렇더라도 너무 안 팔린다. 그래서 할 수 없이 한 달 뒤에는 판매를 중지하고 말았다.

결국 이 우산은 자취를 감추고 말았다.

백화점에는 대체로 표준이 있는 모양이다.

"1㎡에 하루 얼마의 매상이 안 오르는 상품은 치우고 잘 팔리는 다른 상품으로 바꾸어 놓는다."

고 한다. 장사이고 보면 어쩔 수 없는 노릇이다.

「이용면」으로 볼 때 왜 이 우산이 잘 안 팔리는가 그 까닭을 한 번 생각해보자. 우선,

1. 일 년 중 비오는 날이 며칠이나 될까?
2. 비오는 날 중에 밤에 우산받는 경우는 몇 번이나 될까?
3. 밤에 가로등이 없는 어두운 길을 걷는 경우는 또 몇 번이나 될까?
4. 그럴 경우에 진흙길은 얼마나 될까?

이렇게 생각해 보면 이 우산을 꼭 써야할 경우는 일 년 동안에 몇 번 정도가 아닐까! 그렇다면 「이용도」는 대단히 적다. 더구나 이렇게

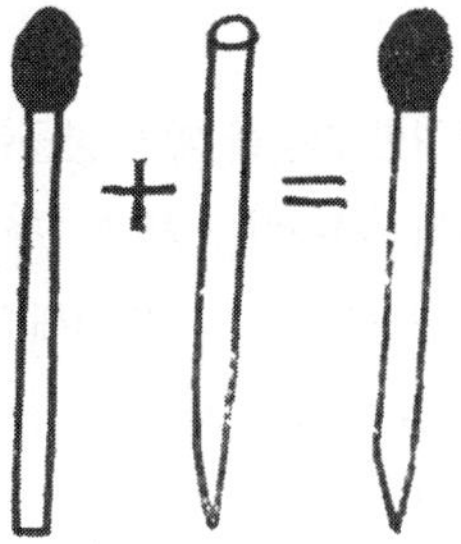

오랫동안 일껏 넣었던 전지가 못쓰게 되어 필요한 때에는 전구를 쓸 수 없게 된다. 결국 합리적으로 생각한다면 「필요의 정도가 적다」고 하겠다. 그런데도 사기를 바라는 것은 「억지」가 된다.

식사할 때 이쑤시개가 없어서 성냥개비를 쓸 때가 가끔 있다.

그러자 발명의 초심자 속에는,

"성냥개비의 한 쪽을 깎아서 이쑤시개로 한다."

는 아이디어를 내어 이거야말로 기발한 것이라고 부리나케 출원했다. 그러나 이것은 어딜 가도 사업화시켜 주지 않는다. 이것도 전구붙인 우산처럼 「사용도가 적기 때문」이다.

결국 성냥개비 속에서 이쑤시개로 쓰이는 것은 백 개 속에 한 개비도 쓰일까 말까다. 그렇다면 99개비는 쓰이지도 않으면서 깎아서 다듬어야 하는 것이 되니 「커다란 낭비」가 된다.

이렇게 신제품을 개발할 때는 우선 「고객의 처지」에 서서 그 「사용빈도」를 충분히 검토할 일이다.

항상 자기의 아이디어를 활용하라.

광범위한 경험을 쌓아 성공한 사업가는 비약하기에 앞서 오랫동안 부지런히 「자세한 조사」를 했다. 새로운 조반용 특제 오토밀의 제조업자는 생산에 들어가기 위해 3년 동안이나 기다리고,

"사실을 더 많은 사실을, 다시 더 많은 사실을."

구하면서 조사를 계속했다.

드디어 사실이 가리키는 것이 좋게 나타났을 때에 다시 또 한 번 조사활동을 했다.

그는 그 제품을 겨우 8천포만 꾸려서 40곳의 상점에 3개월 동안 팔아보았다. 그래서 겨우 그렇게 되자 비로소 고객들이 그 상품을 좋아하고 있음이 확실해지자 그제서야 나아가서 전국에 소개하기에 이르렀다.

우리들은 항상 자기의 아이디어를 활용해야 한다. 그리고 그것을 나에게 도움이 되게 하는 일이 중요하다. 결코 이런 노력을 게을리 말라. 그러나 우리들은 자기의 결의에 지식을 동반함으로써 이것을 조절해나가야 한다. 반드시 행동에 옮기기 전에 모든 사실을 할 수 있는 데까지 입수하라.

아이디어를 나의 「반려자」로 삼고, 지식을 아이디어의 「협력자」로 삼을 수 있다면 결코 실패는 없다.

발명의 세계에도 「급제발명」과 「낙제발명」이 있다.

칫솔의 손잡이 끝 ㉰에 구멍이 있으나 걸 때에 못대가리가 크면 못 걸고, 작은 못대가리일 때에도 걸려서 불편하다. ㉱와 같이 만들었다

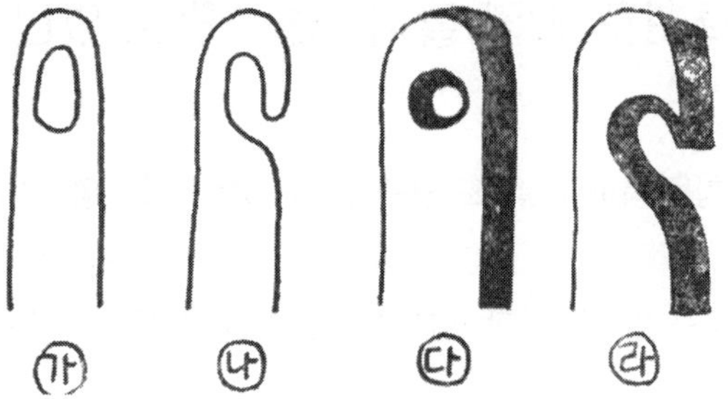

면 어떨까?

바늘 귀에 실꿰기란 힘드는 일이다. ㉮를 ㉯처럼 귀를 터놓았다.

"실꿰기는 쉽게 되었지만 도리어 불편해진 점은 없을까?"

한 번 생각해 볼 일이다.

"발명은 머리로 생각해서 몸으로 성취한다."

순간적인 아이디어나 간단한 아이디어로 당장 발명이 성공되는 것은 아니다.

아이디어는 하나의 생각을 몇 달, 몇 년 동안 자나깨나 앉으나서나 다듬고 덧붙이고 매만져서 수 없는 고비를 넘겨야만 비로소 햇빛을 보게 되는 것이다.

특허출원을 하면서 실물도 없이 실험도 서치지 않고 서두르는 것은 절대 금물이다.

아이디어는 반드시 상품화되었을 때, 비로소 발명이라고 한다면 서두르기만 한다고 되는 것은 아니다.

「99%의 가능성보다 1%의 불가능과 결함이, 낙제발명이 된다」는 것을 잊지 말라! 잊지 말라!

발명특허도 발명 할 수 없는 것이 있다.

‘밖에서 힘을 더하지 않고도 영구히 운동하는 것’을 「영구기관」이라고 한다.

머리가 좋은 발명가는 한 번쯤 걸리는 병의 하나가 이 영구기관이다.

우리들의 조상은 옛날부터 「여러 가지 꿈」을 그려왔다.

‘새처럼 하늘을 날고 싶다.’든가 ‘물 속을 고기처럼 헤엄치고 싶다.’는 꿈은 비행기나 잠수함 등의 「발명으로 현실」이 되고 말았다.

이렇게 과학자나 기술자의 「끊임없는 연구와 노력」으로 엄청난 것들이 하나씩 현실로 바뀌었다. 그럼 어떤 꿈이라도 모두 과학과 기술로 실현되는 것일까? 인류가 그려온 큰 꿈이 셋이 있다.

「불로장생의 꿈」, 「연금술」, 「영구기관」이다.

「불로장생의 꿈」이 발명된다면 얼마나 좋겠는가. 그러나 인간도 다른 동물처럼 태어나고 자라서 자손을 남기고 죽어간다. 이것은 자연법칙이다. 생물들은 이 법칙에 따라야 한다. 불로장생의 약은 앞으로도 실현할 수 없는 꿈일 것이다.

「연금술」이란 ‘쇠나 구리 돌 같은 것으로 금이 아닌 것으로 금을 만들어내는 기술’을 말한다. 중세기의 유럽에서는 연금술이 성행하여 많은 연금술사가 나타났다. 그래서 갖가지 것을 달구거나 약품을 섞거나 하여 실험을 되풀이했다. 그러나 누구 하나 성공하지 못했다. 그래도 그 연구 속에서 여러 가지 것을 알게 되어 이것이 현대처럼 놀라운 화학발달에 큰 도움이 되었던 것이다.

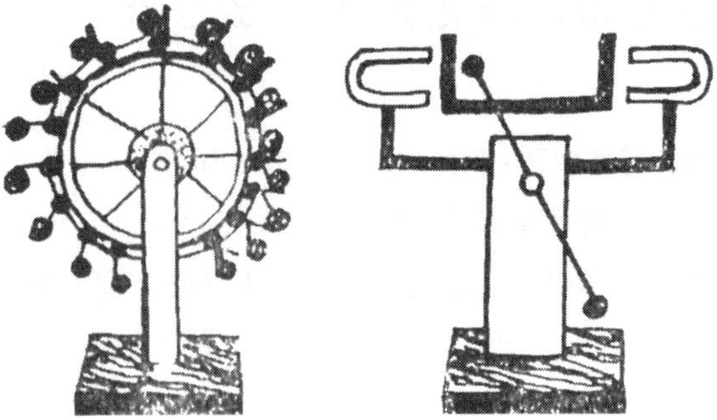

「영구기관」의 간단한 예를 하나 들어보면 물통 속에 물을 가득 채운다. 그 곳에 관을 통해 아래로 흐르게 한다. 그 힘으로 발전기를 돌려서 전기를 일으킨다. 이 전기로 발동기를 돌린다. 이것을 펌프에 이어서 물을 통속에 얹는다. 그러자 통 속의 물은 영구히 아래로 흐르기 때문에 이 발전기는 영구히 발전하여 발동기는 영구히 회전한다는 형식이 된다.

이론은 조금도 틀림없을 것 같다.

그러나 이처럼 단순한 것은 힘의 크기에 견주면, 이것은 마찰이 있는 이상 곧 회전이 중지되고 만다.

㉮처럼 회전체 속에 무거운 구슬을 한 개 씩 넣었다면 이것는 영구운동을 할 것처럼 생각된다. 그러나 사실은 생각처럼 쉽게 되지 않는다.

「발명초심자가 명심할 일」은 영구기관이나 비행기처럼 큰 발명에 손대기에 앞서 나사못이나 볼펜같이 「조그만 발명부터 손댈 일」이다.

당신은 얼마나 돈을 벌고 있는가

세상에는 돈을 벌고 싶다는 사람은 많다. 그러나,

"당신은 얼마나 돈을 벌고 싶소?"

하고 물으면 그것에 대답하는 사람은 극히 적다. 10만 원을 벌고 싶은지, 또 백만 원이 필요한지? 아니면 천만 원이 소원인지, 그 「목표가 분명」하고 이것에 따른 「계획이 서야」만 실행된다.

그저 「멍청스럽게 돈을 벌고 싶다」는 생각만으로는 결코 돈이 벌려지지 않는다. 발명도 역시,

"무엇을 발명할까?"

라는 구체적인 목표를 세워야 한다. 예를 들면 '장화를 개량한다.'고 해도 '어디를 개량하는 것인지?' 그것을 확실히 해야 한다. 계획이 서면 발명은 이미 절반이상 성공한 것이나 다름없다.

생선가게의 W군 장화를 신고 얼음위를 잘 다닌다. 그러면 밖의 온도와 안의 온도가 다르기 때문에 신의 안이 습해진다. 그래서 겨울에도 무좀에 걸려 고생한다.

"신의 안이 습하지 않게 할 수는 없을까?"

에 목표를 두고 고무장화의 제조법부터 연구하여 드디어 앞뒤에 공기가 통하는 구멍을 내어 성공했다.

포경선을 타고 있던 S군 허벅지까지 오는 장화를 신을 있어서 무릎을 굽히기가 거북스러워서,

"무릎이 굽혀지는 장화를 만들고 싶다."

는 목표를 세웠다. 이처럼 「확실한 목표」가 정해지면 이미 뒤는 간

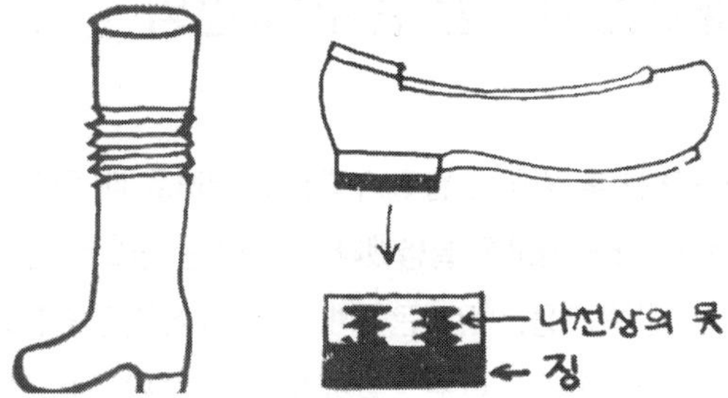

단하다.

"정강이쪽에 사복을 붙이면 된다."

이것을 의장출원하여 허가를 받았다. 지금 R어업사가 3백 켤래 사서 시험중인데 제법 성적이 좋다고 한다. S고무회사에서는 그 권리를 사겠다고 교섭해 왔다고 한다.

N씨 고무신의 뒤꿈치가 곧 닳아 떨어지기에 가죽신처럼 징을 박고 싶었다.

고무이기 때문에 잘 되지 않았다.

"고무창에 징을 박을 수는 없을까?"

이 「목표를 세우고 연구」했다. 그래서,

"고무를 틀에 넣어 가황할 때 나선상의 못이 박힌 징을 넣으면 된다."

는 것을 발명해서 지금 한창 만들어 팔고 있다.

이처럼 고무신만 해도 발명의 목표가 얼마든지 많이 있는 것이다.

「인생의 목표」도 구름위의 것을 잡으려하지 말고 손에 닿는 것으로 가깝고 구체적인 것으로 하는 것이 좋다. 계획만 세우고 만다면 몰라도, 실천하는데 뜻이 있는 것이고 보면 더욱 그렇다.

물 마시는 새라는 완구를 발명

2차 세계대전 후 영국이 달러 부족으로 어려울 때 영국의 상인이 「물마시는 새」라는 완구를 발명했다. 그 구조는 참으로 간단하여 새의 몸뚱이는 양쪽이 둥근 유리관이며, 발은 이 유리관을 천칭처럼 받혀있다. 꽁지의 부분에는 아주 증발하기 쉬운 에틸이 채워져 있다. 그러니까 목이나 머리 쪽에는 증발한 에틸의 증기가 차 있다. 새의 부리는 물을 흡수하기 쉬운 외피로 쌓여있다.

새의 머리가 물잔의 물에 젖으면 꽁지 쪽보다 온도가 내려간다. 그러자 머리 쪽의 에틸증기의 압력이 내려간다. 그 때문에 압력이 높은 꽁지 쪽에서 압력이 낮은 머리 쪽에 에틸이 밀어올린다. 이렇게 꽁지 속에 있는 가는 관의 끝이 꽁지에 남아있는 에틸이 나갈 때 까지 에틸은 머리 쪽에 옮겨 간다. 그러면 머리가 무거워져서 머리를 숙이게 된다. 머리 쪽까지 내려가면 유리관은 거의 수평이 된다. 이렇게 안쪽의 가는 유리관의 끝이 꽁지 속의 에틸에서 떠난다. 그러자 관 속의 에틸은 꽁지 쪽에 되돌아가고 머릿속의 에틸이 관을 따라 꽁지에 옮기고 꽁지가 무거워져서 내려간다. 위로 올라간 머리는 조금 물에 젖어있다. 머리에 묻은 물은 곧 증발한다. 물이 증발하면 열이 없어지니까 머리의 온도가 내려가자 머릿속의 에틸 증기의 압력이 내려가고...

이처럼 새는 언제까지나 목흔들기 운동이 계속된다. 이와 같은 운동을 「영구운동」이라고 한다.

이처럼 지극히 간단한 고안의 완구가 미국시장에 팔렸으니 견딜 수

없다. 미국의 소년 소녀의 호주머니 속의 달러가 자꾸만 대서양을 건너서 영국으로 흘러갔다.

그러자 미국의 상인들도 보고만 있지는 않았다. 그래서 생각해낸 것이 「알낳는 닭」이었다. 이것은 금속성의 태엽식으로 닭이 뒤뚱뒤뚱 서너 걸음 걸어가서는 알을 쏘옥 낳고는 또 걸어가는 것으로 이것이 전미국에 유행하기 시작하자 물마시는 새의 수입이 떨어졌다고 한다.

우유마시는 인형이 소녀의 넋을 빼앗고, 홉핑이 소년을 들뜨게 만든 것들은 모두 훌륭한 실용신안의 상품들이다.

완구쯤이라고 소홀히 할 것이 아니다.

「교육에 종사하는 교사」, 「자녀를 기르는 부모」들은 어린이들의 마음의 양식인 완구에 깊은 관심을 가질 일이며 가정에 있는 완구를 다시 한 번 「새로운 각도로 뜯어 볼 가치」가 있는 것이다.

초심자일수록 고정관념에서 사로잡지 않고 자유롭게 구상하라.

독일의 국민차 폭스바겐을 생산한 동명의 자동차회사가 그 고도의 기술을 살려 기묘한 모습의 차를 발표했다. VW1300듀오라는 이름의 차다.

드라이버좌석이 보통의 자동차와 같은 앞쪽으로 향한 것 밖에는 후진할 때도 후향에 좌석이 놓여지고 핸들 기어미션 따위가 앞뒤로 맞붙어 있어서 후진할 때 손쉽게 운전할 수 있다.

운전할 때나 종렬주차나 차고에 넣기도 쉽게 된다.

또 이렇게 되면 어느 쪽으로 달리는 것이 후진하는지 알 수 없게 되고, 뒤 따르는 차는 자기 쪽으로 달려오는 것이나 아닐까 하고 놀란다.

도요다 자동차회사가 일본에서 실용화하리라는 5륜차는 바퀴가 5개나 달린 자동차다.

하나 더 달린 바퀴는 지금까지의 차바퀴의 중앙에 직각으로 붙어있어서, 혹시 도랑같은 곳에 뒷바퀴가 빠졌을 때는 이 5번째 바퀴가 움직여 차체를 거뜬히 밀어올려 준다.

벽을 수직으로 기어오를 수 있는 장난감 자동차가 나왔다.

어린이들이 있는 가정에는 거의가 움직이지 않는 장난감 자동차나 팔 떨어진 인형 따위가 굴러있기 마련이다. 그 때 조금만 함께 되어 고쳐주면 어린이들은 얼마나 기뻐하는지 모른다. 장난감병원을 열어 어린이와 놀아주면 이 또한 즐거워한다.

값이 비싸서 사주지 못하는 것도 조금만 머리를 쓰면 「생각잖은 행

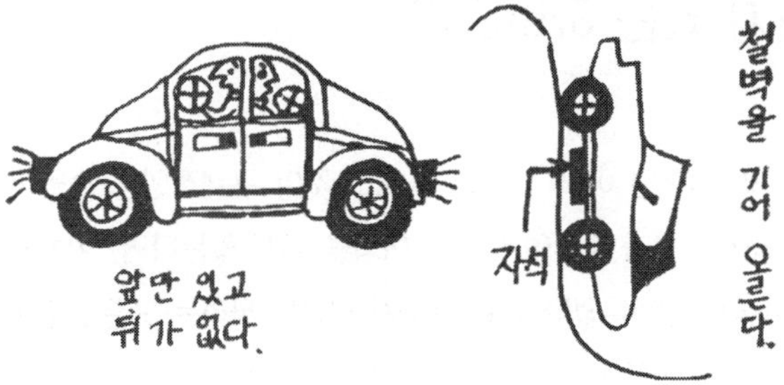

운」이 굴러들어 오기도 한다.

공중에 만든 궤도를 오르내리는 자동차가 있다. 치차가 궤도의 홈을 따라 올라가는 것은 몇 천원씩 하는 장난감이다. 이것을 본 K씨 아들이 하도 조르기에,

"값싼 자동차로 언덕을 올라갈 수 없을까?"

하고 생각하기 시작했다.

우선 언덕길에 미끄러지지 않게 바퀴에 풀을 발라 실험해 보니 바퀴가 직직 소리만 내고 돌다가 곧 서버렸다.

다음에 자동차 배쪽에 자석을 붙여서 언덕길을 양철로 만들었다. 그러자 자석은 양철에 붙으려 하나 바퀴가 있으니까 붙기보다는 부릉부릉 소리내며 올라가고 철제의 책꽂이나 냉장고, 쇠장에도 거뜬히 기어 올랐다.

자석값이라야 3원 정도니까 쌀 수 밖에 이것은 M사가 채용하여 착수금으로 30만원과 매상의 3%의 고안료를 받기로 했다.

초심자일수록 고정관념에 사로잡히지 않고 「자유롭고 대담한 구상」을 할 수 있다.

가치 있는 아이디어

아무리 뛰어난 아이디어일지라도 그것이 구체적인 모습을 갖추고 돈이 되어 발명가 자신에게 어떤 이익을 주지 않는다면 「가치있는 아이디어」라고 할 수 없다. 이런 뜻에서 발명을 하려는 모든 분들에게 골고루 도움이 되었으면 하는 뜻에서 발명의 길잡이가 될 금언들을 다음과 같이 모아 보았다. 그러나 이 금언을 「살리느냐, 죽이느냐」하는 것은 발명가 자신의 손에 달렸다. 그리고 이 금언들이 요긴하게 써져서 발명을 낳는데 「바른 길잡이」가 되고 「밝는 등불」이 되어지길 빈다.

- 마음에 거슬리면 생각하라.
- 관점(觀點)을 바꾸어 「사물」을 보라.
- 백화점을 걷는 것도 발명의 훈련이 된다.
- 폐물 활용도 발명이다. 대용, 전용을 생각하라.
- 기존의 상품에 살짝 발을 붙여라.
- 기존의 상품을 다른 분야에 이용해 보라.
- 기존의 상품의 다른 용도를 찾아라.
- 남의 이야기와 의견을 잘 들어라.
- 자기만족은 실패의 근원, 발명은 달지만은 않다.
- 자신을 가져라. 그러나 상품에 홀리지는 말라.
- 상상력은 단련된다. 연상(聯想)을 자주하라.
- 기록하라, 잊기 전에 늦기 전에 기록하라.
- 「희노애락」모두가 발명의 씨앗이다.
- 「불편」을 느끼면 곧 「개량」하라.

- 「사랑」은 발명을 낳는다. (어린이와 어버이)
- 조그만 것, 간단한 것을 무시하지 말라.
- 항상 의문을 가져라, 가까운 것부터 생각하라.
- 관심을 가져라, 「호기심」은 발명과 이어진다.
- 고통, 불만은 발명의 씨앗이 된다.
- 정보를 수집하라, 많이 많이, 그리고 정리하라.
- 들뜬 마음의 발명보다 「전문분야」를 가져라.
- 실패는 누구나 있다. 그러나 되풀이 하지 말라.
- 기업의 상품경향이나 자세를 살펴라.
- 일상대화, 놀이 속에서 「발명의 암시」를 찾아라.
- 초심발명가는 될수록 사업에 손대지 말라.
- 사업화에 있어서 분위기에 빠지지 말라.
- 돌보지 않거나 단념하지 말라. 다시 한 걸음.
- 사람의 의표를 찔러 깜짝 놀라게 하라.
- 시대의 흐름을 거슬러 가지 말라.
- 생각는 항상 「확고한 주관」을 가져라.
- 우선 보고, 다시 살피고 그리고 생각하라.
- 기상천외의 생각도 좋다. 그러나 「실천 불가능한 생각」만의 발명에 기대지는 말라.
- 「지식욕」을 가져라. 그리고 꾸준히 「창의연구」하라.

얼마나 진지하게 노력하느냐, 얼마나 땀을 흘리느냐에 따라 훌륭한 아이디어가 태어나는 것이다.

생각이 바뀌면 행동이 바뀐다.
행동이 바뀌면 습관이 바뀐다.
습관이 바뀌면 인격이 바뀐다.
인격이 바뀌면 운명이 바뀐다.
〈크레멘트 스톤〉

운명은 떨어지는 것이 아니라 따내는 것이다.

"발명의 근원은,
인스피레이션(영감작용)이 아니라,
퍼스피레이션(발한작용)에 있다."
고 에디슨은 말했다.

아무리 좋은 소질과 두뇌를 지니고 태어났더라도 생후에 교육, 훈련 없이 그 재능을 발휘할 수 없다. 갈고 닦지 않으면 썩어버리고 만다.

발명 특허 아이디어

초판 인쇄 2022년 04월 12일

초판 발행 2022년 04월 19일

발 행 처 (주)도서출판 해맞이·발명특허신문사
서울시관악구 신림동 조원로 12-20
E-mail : inventionnews@naver.com
등록번호제320-199-4호 ISBN : 978-89-90589-85-9

· 좋은 책 만들기 Since 1990 해맞이출판사